教師のための教育学シリーズ ⑪

教師のための教育学シリーズ編集委員会 監修

子どもと教育と社会

腰越 滋

編著

EDUCATIONAL STUDIES FOR TEACHERS SERIES

学文社

執 筆 者

林　　　寛平	信州大学大学院教育学研究科准教授	………………	第1章
＊腰越　　　滋	東京学芸大学教育学部准教授	………………………	第2章
池上　　　徹	関西福祉科学大学健康福祉学部教授	………………	第3章
村山　詩帆	佐賀大学全学教育機構准教授	…………………	第4章・第6章
山田美都雄	宮城教育大学教育学部准教授	………………………	第5章
小西　尚之	金沢学院大学基礎教育機構准教授	…………………	第7章
白旗希実子	東北公益文科大学公益学部准教授	…………………	第8章
山村　賢明	立教大学名誉教授	………………………………………	第9章

（執筆順，＊は編者）

まえがき

　本書は,「教師のための教育学シリーズ」の第11巻に位置づけられ,教育社会学およびその隣接領域を専門とする者たちの手によって執筆された。編者としては,「子ども」と「教育」と「社会」の相互の関係性に配慮し,各執筆者の専門性を尊重しつつ個性が損なわれることのないよう努めながら,下記に紹介するように各章を配列した。そこでは,教育社会学の「流行」を意識した概念が随所に紹介されており,初学者には新鮮に映るであろう。

　またそればかりではなく,教育社会学の「不易」の部分も敢えて内容に含めてある。ここからは教育社会学という学問の蓄積の厚みを読者には感じて頂けるであろう。

　これらをふまえると,本書は啓蒙的な内容から専門的な知見までを幅広く網羅しており,読者層には教職課程を履修する学部生はもとより大学院生まで,広く対象として想定しうるはずである。

　以下に具体的な各章の内容について,簡略に紹介しておきたい。

　近代以降,先進諸国の子育ては,高度に分業化された産業社会を背景にして成立しており,現代社会の教育は,学校を主要なエージェントに仕立て上げている。第1章では,教育をめぐる関係性の歴史的・文化的な多様性を,国際社会における子育て事情に注目して論述する。

　第2章は,社会化の観点から人のライフコースを概観し,次に人が定位家族に産まれて成人期に至るまでの社会化の過程を古典的社会化論に即して紹介する。さらに現代にも考察の射程をのばし,日本の子ども観や青年期の揺らぎについて触れ,社会化論についてもリフレクションし,再検討を加える。

　第3章では,性別役割分業観の固定性が目立つようになった社会的な文脈の変化を俯瞰しながら,男女共同参画社会が抱えるジェンダーの問題を整理する。

　学校教育は同時に,合理的にシステム化されながら,「受験体制」といった問題を派生させてきた。第4章においては,学校教育に期待される人格形

成が「受験体制」によって後塵を拝するようになった背景を，能力証明のシステム化に関する分析を通して描きだす。

続く第5章では，学校教育の合理的なシステム化から派生するもう一つの問題として，「学習のレリヴァンス」が主題化される。自然的態度に則った常識的な思考から反省が不要な作用として排除され，行為主体は学習内容の「内在的意義」を見失う。その結果，行為主体である学習者はあくまで選抜試験の内容として，すなわち即自的な意義を学習に付与するにいたる事態が解説される。こうした「学習のレリヴァンス」の変化は，初等教育や中等教育のみならず，大学を含めた高等教育においても進行してきた。

第6章は，政治的・経済的な社会変動を背景に引き起こされた大学紛争，高校紛争を反省的に考察し，大学における教授・学修が反知性主義へと傾斜していくアイロニーを素描している。

さらに第7章では，学校教育が高度にシステム化されてきた反面，社会から信頼を回復し切れずにいる学校が，相対的に長時間の労働と「感情労働」とを教師に強いるという勤務実態が描きだされ，官僚制的な組織再編を通して教師の自律性が低下していることに警鐘を鳴らす。

そして第8章では，社会の変化がライフコースの多様化を招来し，イベント契機的なトランジション（移行）が生涯を通じて試行錯誤を引き起こすようになった社会状況を，父親たちの育児参加を事例に挙げて報告する。

最後の第9章にあたる「日本社会における子ども」では，社会の基層にあって子どもに対する働きかけを規定する「子ども観」に注目し，それを明らかにしながら，日本社会の潜在的文化や常識的知識についても言及していく。

本書の意図が汲み取られるか否かは，読者の判断に委ねるしかないが，大学などの高等教育機関で教職教養科目のひとつとして本書が活用されることはもとより，教育社会学に関心を持たれる多くの学徒たちに，ご一読頂けることを願ってやまない。

2016年3月吉日

第11巻編者　腰越　滋

目　次

まえがき　i

第1章　世界の子育て事情―歴史・文化の比較から見えるもの― 1
第1節　はじめに：北欧は子育てがしやすい国か　1
第2節　子ども観の歴史　2
第3節　家庭的な子育て観の変化　4
第4節　地域ごとに違う「理想の子育て」　8
第5節　グローバルな課題としての少子化　11

第2章　社会化理論の再検討と子ども観・青年期の揺らぎ 19
第1節　現代人のライフコースと社会化（socialization）　19
第2節　大人になるとは？　パーソンズのAGIL図式を援用した社会化論を中心に　21
第3節　現代における社会化論の揺らぎ　30
第4節　子ども観の揺らぎと改めて問われる大人とは？　34

第3章　教育とジェンダー 39
第1節　ジェンダーについて学ぶ意義　39
第2節　学校が抱える理想と現実　42
第3節　学校の活動を再点検する　46
第4節　ジェンダー平等を目指す学校　50

目　次

第4章　「受験体制」の生成と変容—「お受験」から「テスト体制」へ— 53

第1節　「学校化」と「受験体制」　53
第2節　近代官僚主義による教育選抜の合理化　56
第3節　能力証明のパラドクス　63
第4節　ポスト「受験体制」——「テスト体制」を超えて　71

第5章　学習する意義（学習レリヴァンス）を考える　　　　　　　　—「なぜそれを学習するのか」という問いからの出発— 81

第1節　なぜそれを学習するのか——「未履修問題」が照射する論点　81
第2節　「レリヴァンス」とはいかなる概念か　83
第3節　新たなレリヴァンス類型の提起——知識に対して内的か外的か　87
第4節　教育・学習の「レリヴァンス」をめぐる現況　90
第5節　これからの課題：「レリヴァンス」をいかに形成するか　94

第6章　大学の変容と教授・学修のエートス　　　　　　　　—危機の過程としてのユニバーサル化— 100

第1節　大学の発展と葛藤　100
第2節　マスからユニバーサルへ　102
第3節　大学と若者　110
第4節　モラトリアムする社会——看過されたユニバーサル化の陥穽　119

第7章　危機に立つ教師—学校組織のなかで— 127

第1節　教師の両義性　127
第2節　教師の多忙状況　131
第3節　教師の仕事の特性　137
第4節　教師の働き方を考える　141

第8章　生涯学習社会のなかで学び続ける人々
　　　　　―「おやじの会」の事例を通して― ……………………………148

　第1節　生涯学習社会とは　148
　第2節　学習者の特性と学習方法　151
　第3節　生涯学習を支援する場と学習内容　155
　第4節　「おやじの会」の活動からみる父親たちの学習　159

第9章　日本社会における子ども ……………………………………170

　第1節　問題提起と方法
　　　　──「子ども観」の解明から日本の子どもの特質の把握へ　170
　第2節　子ども観の第一側面　子どもと大人をどう識別するか
　　　　──子ども期の社会史：アリエスとの対比　172
　第3節　子ども観の第二側面　どのようにして生まれてくるか
　　　　──生まれるものから産むものへ　176
　第4節　子ども観の第三側面　子どもを社会的にどう位置づけるか
　　　　──子どもの社会性：共同体帰属から私的所有へ　177
　第5節　子ども観の第四側面　子どもの本性をどうみるか
　　　　──性善なるものとしての子ども　179
　第6節　まとめ：結語に代えて　183

　あとがき　187
　索　引　188

Column
- ▶ 市場原理のなかに置かれた学校　38
- ▶ 能力主義の合理性と差別　80
- ▶ なぜそれを学習するのか　99
- ▶ ノーブレス・オブリージュとエリート　126
- ▶ 逸脱行為と学校における疎外・離脱の趨勢　147
- ▶ 生涯学習における「評価」　166

第1章

世界の子育て事情
―歴史・文化の比較から見えるもの―

●　**本章のねらい**　●

　本章では，子どもと家族をめぐる社会の見方の変遷を概観し，子育てに関する国際比較研究を検討することで，現在の日本の子育ての特殊性を指摘する。私たちが当たり前のように受け入れている子ども観や家族観，子育て観が移ろいやすいものだという観点から，少子化や待機児童，児童虐待など，子育てを巡る最近の課題を考えてみたい。

第1節　はじめに：北欧は子育てがしやすい国か

　毎年5月の母の日に合わせて，世界の「母親指標」ランキングが発表される。16回目となる2015年のレポートを見ると，上位にはノルウェー，フィンランド，アイスランド，デンマーク，スウェーデンと，北欧諸国が並ぶ。この地域では，性別による役割分業が少なく，男性も積極的に育児に参加している。北欧が子育てのしやすい国々として知られる所以(ゆえん)だ。

　一方で，ランキングの下位には貧困や紛争を抱えるアフリカや中東の国々が並ぶ。この地域における母子は，長いこと難民生活を続けていたり，劣悪な衛生環境に置かれていたり，性暴力のリスクにさらされたりしていて，過酷な状況にある。

　この調査で，日本は179カ国中32位に位置している。満足できるほど高

表1.1 2015年母親指標ランキング

	トップ10		ボトム10
1	ノルウェー	179	ソマリア
2	フィンランド	178	コンゴ民主共和国
3	アイスランド	177	中央アフリカ共和国
4	デンマーク	176	マリ
5	スウェーデン	175	ニジェール

（出所）Save the Children（2015）State of the World's Mothers 2015, The Urban Disadvantage.

いとは言えないが，全体から見れば幸福な国に属するといえるだろう。しかし，日本の母親はこの結果に実感がもてるだろうか。あるいは，北欧の母親は幸福で，アフリカの母親は不幸だ，と単純にいえるだろうか。

　このランキングでは，「幸福な母親」の指標をまとめるにあたって，妊産婦死亡率，乳幼児死亡率，期待就学年数，一人当たりの国民総生産，国会の議席に対する女性比率の5つの統計データを用いている。ランキングの公表は，劣悪な環境にある母親や子どもたちに焦点を当て，世論の注目を集めることで，支援を促すことを狙っている。そのため，多くのメディアで「子育てのしやすい国」ランキングとして紹介されている。しかし，たった5つのデータから「母親の幸福」や「子育てのしやすさ」を定義するのには限界があるだろう。

　では，「子育てのしやすさ」を把握するためには，どのような指標を見ればいいのか，と考えると，事はそう簡単ではない。そもそも，「子育て」とは何だろうか，という問いが湧いてくる。「子育て」という言葉を因数分解すると，その要素には子どもや家庭とそれらをとりまく社会福祉制度，文化などが考えられる。

第2節　子ども観の歴史

　中世ヨーロッパには「子ども」という概念がなかったという説がある。フ

ランスの歴史学者フィリップ・アリエス (Philippe Ariès) の研究によると，当時の絵画には子どもらしさを表現しようとする意識は見られず，生まれたばかりの赤ん坊が成人男性の腹筋と胸筋を備えた姿で描かれているものさえあるという。当時の人々の目には，子どもと大人の世界は区別されず，子どもは単に背丈が小さいだけの「小さな大人」として映っていたというのだ (Ariès 1973 = 1980)。アリエスの説は，かつて大人と子どもは区別されなかったが，文明化の過程でその行動および心理的な距離が開いてきた，というものだった。この説は大きな議論を巻き起こし，後の研究で数々の反証が示されている。アリエスが主張するように，子どもと大人の距離が開いてきたのか，それとも，かつては無視されていた子どもの存在が認識されるようになったことで，大人との距離が近くなってきたのか，見解が分かれている。いずれにしても，この議論に参加する人々は，子どもに対する感情が歴史的に大きく変容してきたことは共通して認めている。

では，「子ども」は「小さな大人」とどう違うのだろうか。ギリシア語やラテン語には「赤ん坊」(baby) にあたる単語がない。どちらの言語も子どもを意味するさまざまな言葉をもっていたが，赤ん坊という意味に限定される単語はなかった。ラテン語からは「話さない」という意味の infans という言葉が，英語の「幼児」(infant) と，フランス語の「幼児」(enfant) のルーツになっている。そして，英語の「幼稚な」(puerile) のルーツにはラテン語の (puer) があるが，これは毛が生えていないこと，あるいは上唇のまわりや頬にうぶ毛が無いことを意味した。

「子ども」をある年齢層に固定した概念としてとらえるのではなく，相対的なものだと考える人もいる。リチャード・ライマン (Richard B. Lyman Jr.) は，「〈子ども〉という用語は，乳幼児期から老年期に至るまで，この言葉が置かれている文脈と文字の慣習に応じて，どんな人にも当てはまるように思われる」と書いている (Lyman 1974)。たとえば，帝国主義時代のアフリカ人は大人でも「下僕」(ボーイ) と呼ばれたことがあげられる。奴隷は子どもと同じように罰を与えられるべき存在と見られていた (Cunningham 2005 = 2013)。

古代ギリシアでは，子どもは大人としての素質を欠いた不完全な状態とみ

なされ，相対的に無視されていた。子どもは身体的に弱く，道徳的に無能で，精神的に無力だとみなされていた。「分別のある子ども」という大人の性格を身につけている子どもが理想とされ，威厳のある態度，まじめさ，勉強好きといった資質が重視された。

　また，子どもの象徴ともいえる「笑顔」についても，フランスでは中世まで醜いものだと思われていた。歯を見せて笑うことは，愚かで，酔っぱらいの，頭のおかしい人のすることだとして厳しく統制されていた時期もあったという。まだ歯科技術が発達していなかった頃，上流階級ほど甘いものを食べるため，むし歯がひどかった。そのため，権力者は歯を見せて笑うという行為を禁止した。18世紀になると，歯科技術が発達し，虫歯が減ったことにより，笑顔を見せることが自然に受け入れられるようになったという（Jones 2014）。

　このように，今日当たり前のように思い浮かべる「子ども像」というのは普遍的なものではなく，歴史的に大きく移ろってきたことがわかる。明るい笑顔を振りまき，素直で無邪気な子ども像は始めからあったのではなく，人々が歴史的に作ってきたものなのだ。

第3節　家庭的な子育て観の変化

1.　スウェーデンの事例から

　家族観の変化は，女性の置かれた立場を見るとわかりやすい。以下では，子育て支援の先進国といわれるスウェーデンを例に変化の背景を見ていこう。

　スウェーデンで保育所が営まれるようになったのは19世紀ごろだといわれる。人々が職を得るために地方から都市へ移り住んだことにより，子どもを育てるためのさまざまな制度が必要になった。当時，工場労働者の給与は低かった。家族の生計を支えるには夫婦の稼ぎだけでは足りず，年長の子どもは外で働かざるをえなかった。都市に住む子どもの多くは，近所の子どもたちとともに，地域のなかで大きくなった。親が働いている間，乳幼児の世

話をしていたのは年長のきょうだいや親せき、あるいは祖母だった。

　こうした子どもたちを「子どもクラブ」が朝7時から夜7時まで預かるようになり、子どもたちには清潔な環境と3回の食事が与えられるようになった。「子どもクラブ」は貧困にあえぎ、保育に欠ける子どもたちをなんとかしようとして、民間の財団や教会が運営した慈善活動だった。「子どもクラブ」はその後数多く作られていったが、20世紀初頭には、支援は慈善団体ではなく社会が行うべきだという主張がみられるようになった。これは、保育の量的拡大に社会がどこまで責任をもつべきか、という、長い議論の幕開けだった。

　保育所をめぐる議論が本格化したのは、1932年に「大きな育児室」（storbarnkammare ストールバーンカンマレ）という造語がアルヴァ・ミュルダール（Alva R. Myrdal）によって生み出されたことが発端だった。「大きな育児室」とは、母親が外で働いている間、子どもを預かるための場所として構想されたもので、必要に応じて夜間も開所すること、働いていない母親の子どもでも昼間の数時間であれば受け入れること、専門の教育を受けた職員によって質の高い保育を行うことが目指された。ミュルダールは救貧のイメージが強い「子どもクラブ」を刷新し、子どもにとってくつろぎを与え、どんな階級の子どもにも同じように発達可能性が保障されるべきだと考えた。そのため、保育は無償で、国が責任をもって行うことを提案した。しかし、この構想はすぐには実現しなかった。

　女性あるいは母親に対する社会の見方は、景気や社会情勢にとても敏感だ。スウェーデンで保育所の議論が進展したきっかけは第二次世界大戦だった。戦争によって、女性は育児と家事の担い手としてのみならず、労働力としても期待されるようになった。男性が徴兵で不在になったことから、男性がしていた仕事を女性が引き継がざるを得なかった。この時期、出生率が低下して人口問題の危機が叫ばれるようになると同時に女性労働力の需要も増加し、家族政策の改革が急務となっていった。そこで、国は保育所と幼稚園を法制化して補助金を支給することにした。

　しかし、戦争が終わると、戦時中の機運は一掃されてしまった。女性の労

第3節　家庭的な子育て観の変化

働や保育所に対するまなざしも同様だった。戦後，出生率は勢いよく上昇し，それとともに女性たちは家庭に戻るべきだと考えられるようになった。国会では保育所不要論が議論された。男性議員の多くは，どの政党に属しているかにかかわらず，労働の場に男性が復帰したからには女性は家庭に戻り，子どもの世話に専念すべきだと考えていた。1950年代のスウェーデンは，まずもって「主婦の時代」だったのだ。

　この時期には，社会福祉庁でも保育所は「問題を抱えた家族」への支援策とみなされていた。幼い子どもをもつ母親が外で働くことが問題視されていた。男性たちは，女性たちに安定した暮らしをさせるに足る賃金を勝ち取らねばならないと考えられていた。母親が家庭のなかで子どもを育てるのが自然なあり方ととらえられ，保育所に預けられるのは「かわいそうな子」たちだから，なるべくそうならないようにと考えられた。在宅育児手当を厚くして，女性が家庭にいやすいようにする考えと，保育所を整備して，女性が働きやすい環境を作ろうとする考えとの違いが生まれた。

　1960年代になると，高度経済成長が訪れた。好景気による労働者不足から，ユーゴスラビア，ギリシャ，フィンランドなどから多くの移民労働者がやってきた。しかし，新たな労働力として最も大きな期待が寄せられていたのは，スウェーデン人女性だった。いまや，労働市場の方が女性たちを必要としていたのだ。政府は税制改革によって，課税対象を世帯単位から個人単位に変更し，女性が個人で生計を立てられるようにした。

　こうした状況のなかで，保育を緊急に制度化する必要性が明らかになった。これに，自由を求める女性たちによる民主化の機運の高まりも手伝って，本格的な保育拡大が訪れた。

　その後，働く母親の数は増え続け，保育所を作っても間に合わないペースで子どもたちがあふれていった。共働きはあっという間に「普通」になったが，これはスウェーデン社会がかつて経験したことのない変化だった。親たちは「すべての子どもに保育所を！」「ちゃんとした保育所をつくれ！」といったスローガンを掲げてデモ行進を繰り広げ，通りや広場を次々と埋めていった。母親の家庭不在を補うために，世界で初めて父親も育児休暇が取得

できるようになり，両親保険制度として整備された。しかし，それでも保育所不足は深刻だった。もはや，保育所は「かわいそうな子」たちを救うための施設ではなく，あらゆる子どもたちを受け入れる施設になった。そうなると，保育所と幼稚園の差が無くなり，幼保一元化へのハードルが低くなった。すべての親が家庭生活と生計労働を両立しうるような条件整備は，社会が責任をもって行うべきだとの考えから，すべての子どもを対象とした保育制度が確立した（Martin Korpi 2006＝2010）。

こうしてみると，家庭内での女性の役割や「家庭的な子育て」という理想像は，戦争や景気による労働力需要によって，短期間に大きく揺れ動いていたことがわかる。スウェーデンの経験は日本やほかの国も同様に辿ってきた道である。女性が家庭で子育てに専念すべき，という考えは，論理的な帰結としてあるのではなく，むしろ社会の情勢に合わせて都合よく押しつけられているという側面が強い。

2. "伝統的"家族観の変化

子育て観の変化も社会の産物だが，最近は家族観がさらに多様化している。日本でも，2015年に渋谷区議会が同性カップルを「結婚に相当する関係」と認めて証明書を発行する条例を可決し，11月には初めて交付された（渋谷区ホームページ，2015年11月5日）。

海外では，同性カップルが養子をもち，家族を作ることも増えてきた。しかし，同性カップルの間でも家族観は揺らいでいる。こうした議論はさまざまな業界の著名人の言動を通して広く世間の注目を集めるようになってきている。たとえば，ミュージシャンのエルトン・ジョンはファッションブランド，ドルチェ＆ガッバーナ（D&G）の不買運動を展開して物議をかもした。

D&Gの創始者でデザイナーのドメニコ・ドルチェとステファノ・ガッバーナは「同性愛カップルの養子に反対だ。家族とは伝統的な家族だけだ」と述べ，子どもは母親と父親の下で生まれるべきだと主張した。さらに，「僕が化学の子どもと呼ぶ，人工的な子どもについてはどうしても感心できない。レンタル子宮とか，精子カタログとか」と発言した（Panorama 2015年3月12日）。

これに対して代理出産で授かった男の子2人を育てているジョンは「僕の美しい子どもたちを『人工的』とはどの口が言うのか」「それと体外受精に対して小賢しくもケチをつけるなど恥ずかしいにもほどがある。体外受精は，ストレートやゲイに関係なく，子どもを授かりたいと願う愛し合う人たちにその願いをかなえてきたものなのに」(Instagram 2015) と批判した。ジョンはさらに「お前の古い考えはお前のファッションと同じで時代遅れだ。ドルチェ＆ガッバーナは二度と着ない」と述べて，D&G製品の不買を呼びかけた (Telegraph ウェブ版 2015)。

母親と父親とその子どもがいて家族が成り立つという伝統的な家族観は，同性カップルの養子や代理出産などの新しい動きによって見直しが迫られている。

第4節　地域ごとに違う「理想の子育て」

自分に子どもが生まれたらどのような子育てを理想とするだろうか。活発な子，賢い子，おしとやかな子，自分の意思がはっきり言える子，友達と仲良く遊べる子…人によってさまざまだろう。では，たとえば，赤ちゃんがおっぱいを欲しがって，泣くたびに飲みたいだけ飲ませればいいのか，あるいは，毎日決まった時間に決まった量だけ飲ませるのがいいか，といったより具体的な状況では，どちらを選択するだろうか。また，その選択は何を基準に決定されているだろうか。授乳に関して，アメリカ政府が約90年前に刊行した育児書は，次のように書いている。

> *赤ん坊は，生まれてすぐの時から，時計どおり規則的に授乳されるべきで，その間，飲み水以外は何も口にすべきでない。*　　　　　　(West 1914: 36)
> *生後3カ月が何よりも重要だろう。授乳と睡眠の規則性の習慣は生後3日目から始められる。そして，一度確立したら，本当に緊急の場合をのぞいて，どんな理由でもそれを遮ったり壊したりすべきでない。もし赤ん坊が途中で起きて泣いたとしても（彼がおなかがすいたら当然そうするだろ*

うが）．ひっくり返して，彼を裏返して，おむつを替えて，飲み水を与え，ベッドに戻す。泣きやませようとして抱き上げたり，ゆすったりしてはいけない。そして，正確な時間になるまで授乳してはいけない。

(United States Department of Labor 1929: 53)

　この本では，排泄訓練は首も据わっていない1カ月の終わりごろには開始でき，8カ月までには終えられるだろうとしている。そして，その際，何よりも大切なのは「完全な規則性」であり，母親は，必要ならば赤ん坊をひざの上に横たえて，石鹸を削って作った細長い石鹸棒（soap stick）を赤ん坊の肛門に差し入れて排泄を促しながら，「毎日毎日，五分と狂わず，赤ん坊が習慣付けられるまで」この行動を繰り返すべきだというのだ(United States Department of Labor 1929: 57-59)。そこには，早期排泄訓練が達成できることを，母親の献身の証，よい母親のバロメーターとして用いるような女性観や，規則性，早期からの身体の統制などに対する熱い信仰がうかがわれる（恒吉・ブーコック 1997: 41）。

　しかし，時代が下ると，子育ての価値観はがらりと変わった。世界で5千万部を売り上げ，20世紀の出版物では聖書の次に売れたと言われる『スポック博士の育児書』では，以下のように書かれている。

　　　彼女たち［母親たち：筆者注］は，赤ん坊が空腹を訴えた時に食べさせることは甘やかしだとする考えを鵜呑みにしている。なんと馬鹿げたことか！子犬がお腹のすいた時に食べさせてもらったからと言って，甘やかされるとでもいうのだろうか。赤ん坊はなぜ食事時に泣くのか。親を服従させようとしているからではない。彼はミルクが欲しいだけなのだ。次の四時間，眠るのはなぜか。母親が厳格であることを思い知ったからではない。食べることによって，それだけの間，満腹だからである。　　　(Spock 1945: 26)

　排泄についても，リーチは以下のように寛容な姿勢を推奨している。

　　　開始を急いではいけない。子どもが身体的に始められない時点で開始し

第4節　地域ごとに違う「理想の子育て」

> *たならば，子どもがそこまで成熟していないために，どうしても与えることができないものを幼児に求めることになる…もし，子どもが心理的に成熟する前に協力するように強要するなら，あなたが勝てない領域で，あなたの意思を幼児に押し付けることになる…排泄訓練とは，あなたのために，子どもに何かをさせることではない。子どもが子ども自身のために何かをするのを手助けすることである。*
>
> 　　　　　　　　　　　　　　　　　　　　　　　　（Leach［1977］2010: 315）

　授乳や排泄訓練以外にも，あまり一緒に遊んでは駄目だとか，「楽しみ」や「遊び」を「危ない」快楽だと控えさせたり，「抱き癖」や「甘やかし」を恐れたりといった，かつての伝統的なアメリカの視点は，この間で明らかに変化した。

　しかし，すべてが変わったわけではない。私たちの子育てには，随所にまだ伝統の片鱗をうかがうことができる。伝統の変容と連続を考えるに当たって，好都合な対照をなしている二つの項目として，どちらも身体の接触に関わるおんぶと添い寝がある。

　かつて，子どもをおんぶする姿や乳を含ませる母親の姿は，西洋では「野蛮」のイメージと結びつけられていた。しかし，最近では，こころとからだの「触れ合い」を求める流れが起き，西洋でも「野蛮」のイメージを払しょくするようになった。

　アメリカの育児書には，「親子が夜同じベッドに眠ることは，うまくいくようであるが，主として他の社会での話である。我々の社会のように，自立の育成を重視し，プライバシーを強調するところでは，添い寝は広範な問題につながっていく」と考え，消極的なものもある（Eisenberg et al. 1994: 186）。親子別室の欧米では，添い寝による突然死を危惧して「目のかたき」にされることもある。

　一方で，日本の書はおしなべて添い寝を肯定している。その理由としてあげられるのが母子のスキンシップが図れるから，赤ん坊が心理的に安定するから，母子同室の日本ではごく自然だから，などである。最近では，「断乳即自立というものではない」というように，"西洋"に対して日本の添い寝の習慣を積極的に位置づけようとする書もある。

恒吉・ブーコック（1997）は，これらの子育ての価値観の違いは，最近は世界共通化しつつあると分析している。その背景には，『スポック博士の育児書』が世界中で翻訳され，受け入れられているということも大きいが，優れた吸水性と快適さをもつ紙おむつの開発や，粉ミルクの品質と安全性の改善などが大きな要因としてあるだろう。

第5節　グローバルな課題としての少子化

　それでは，日本の子育てにはどのような特徴があるのだろうか。世界的な傾向との共通性と差異に着目して考えてみたい。

　子育てに関する課題の世界共通化は，社会そのものがグローバル化していることが背景にある。合計特殊出生率が人口置換水準（2.1）を超えている国はOECD加盟国ではイスラエルとメキシコの2カ国しかない。少子化はすべての先進国で起こっているグローバルな課題なのだ。

　また，先進国では共通して世帯人員数が減少している。家族の人数は減少しているが，家族の形態は多様化している。これは，離婚によるものだけではなく，結婚形態の多様性によるものだ。片親家庭の子どもは平均で17.6％に達し，アメリカやイギリスでは4分の1に迫っている。また，晩婚化や高齢出産も世界的なトレンドになっている。1970年に24.3歳だった初産の平均年齢は，2000年代中ごろには27.7歳にまで高齢化している。さらに，初婚年齢は同時期に24.0歳から29.7歳に高齢化している。この間，多くの人が未婚のままで初産を経験するようになった。これは婚外子の増加を意味している。1980年に11％だった婚外子の割合は2007年には33％に上昇している。とくに，スウェーデン，アイスランド，ノルウェーでは婚外子が多い。これは，北欧諸国が同棲するカップルの権利を結婚している人たちと同等に扱うという法制度を備えているからである。日本や韓国，ギリシャなどは婚外子が少ない国に数えられるが，これらの国では同棲と結婚の間には法的な扱いに大きな違いがある。

第5節　グローバルな課題としての少子化

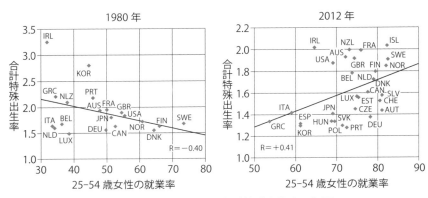

図1.1　女性の就業率と合計特殊出生率の相関

(出所) OECD (2014) OECD Family Database, SF2.1: Fertility rates.

　少子化や核家族化，家族形態の多様化は，わが国だけが悩んでいる問題ではなく，世界共通のトレンドである。そう考えると，日本のなかだけで問題を考えていても解決は望めないだろう。また，少子化や核家族化，家族形態の多様化を，単独で解決し，劇的に改善する方法を見つけるのは難しいだろう。むしろ，これらの現象が進むペースを遅らせるか，くい止める方策を考え，時間稼ぎをする間に，少子化や核家族化に対応できる社会に変えていく必要がある。

　上の図1.1の二つのグラフは，縦軸に合計特殊出生率を，横軸に25-54歳女性の就業率をプロットしたものだ。左には1980年のデータを，右には2012年のデータを載せているが，この間の変化を見ると，相関係数（傾き）が逆になっているのがわかる。1980年には働く女性が多い国ほど出生率は低かったが，最近では女性が働きに出ている国ほど出生率が高い傾向が現れている。

　このグラフをもって，女性が働きやすい環境を作れば少子化が解消できると説く人もいるが，それは多くのごまかしを含んでいる。これはあくまでも相関関係であって，因果関係は示していない。女性就業率が高い国の出生率が高いからといって，就業率を上げれば出生率が上がるとは言い切れない。

さらに注意すべきことは，出生率が高いといっても，人口置換率（2.1）を上回っている国はわずかな国しかなく，先進国はどこも人口置換率を下回っている。スウェーデンやデンマークではこの間，出生率の回復に成功しているが，それでも人口置換率は超えられていない。つまり，少子化の進行を遅らせることはできても，少子化を解決できている先進国はないのだ。

　国際比較からは，経済的に豊かな国は出生率が低い傾向が読み取れる（OECD 2015）。また，各国内においては，所得が低い世帯ほど出生率が高い傾向がある（Schultz 2005）。「経済発展は最も効果的な避妊法だ」（Weil 2012）と揶揄されるように，豊かさと少子化には負の相関が指摘されている。

　では，豊かさと少子化対策を両立する手立てはないのだろうか。ミュルスキュラら（Myrskylä et al. 2009）は「豊かさ」を経済的な指標（たとえば，国内総生産（GDP）等）だけでなく，平均余命や健康，教育レベルなどを含むより総合的な指標（人間開発指数（HDI））として相関を見たところ，HDIが高い国においては出生率が改善傾向にあることがわかった。いずれの国においても，人口置換率を超えることはできていないが，総合的な豊かさを重視すべきだという方向性が見出されている。

　日本においては，世帯収入が400万円未満の世帯は子どもが少ない傾向がある。また，400万円以上の世帯では，収入と子どもの数との相関は見られないが，1000万円を上回ると子どもが少ない傾向が現れる（平成17年版国民生活白書：83）。高所得者は往々にして高学歴だったり，仕事熱心だったり，都会に住んでいたりといった別の生活特性があることから，収入以外の要素との相関も考えられるだろう。

　日本の都市部では，子どもが減っているにもかかわらず，保育所に入れない待機児童が問題になっている。2015年4月現在，待機児童は全国に23,167人いて，最近5年間続いていた減少傾向が増加に転じた（厚生労働省2015）（図1.2）。近年は，待機児童問題が政治的な課題として盛んに報道されたこともあり，各自治体が保育所の量的拡大を進めてきた。平成25（2013）年度，平成26（2014）年度の2年間で21万9千人分の収容量が新たに確保された。今後は，「子ども・子育て新制度」の枠組みに従って，認定こども園

第5節　グローバルな課題としての少子化

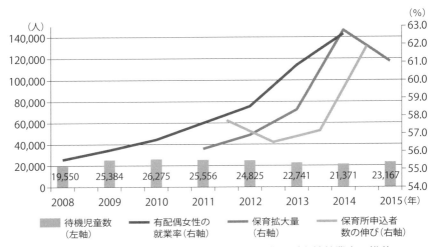

図 1.2　保育所の待機児童数，拡大量，申込者及び女性就業率の推移

注：(1) 2015年の保育拡大量は，2015年5月29日時点で把握した各市町村におけ2015年度末の実績見込み。
　　(2) 有配偶女性の就業率は，25歳から44歳までの統計情報に基づく。なお，2011年については東日本大震災の影響によりデータなし。
(出所) 総務省労働力調査，厚生労働省（2015）より作成。

の普及が図られ，都市部における保育量拡大と，少子化が進む地方での保育機能の確保が進められる見込みになっている。

しかし，少子化が進み，保育量が拡大しているにもかかわらず，待機児童数が増えているのはどういう理由だろうか。2015年は保育所の入所希望者数が保育量の拡大ペースを上回ったことで待機児童数が増加した。**図 1.2** にあるように，保育所等を新設するなどして保育ニーズを「先取り」する形で受け入れを増やしているものの，2015年には対応が追いつかなくなったということだろう。

さらに大きな動向からとらえると，少子化そのものが待機児童問題の原因の一つになっている面が指摘できる。少子化により労働人口が減少する中で経済活動を維持するには，女性の社会進出を促す必要がある。各家庭では，世帯収入が減ると，家計を維持するために両親が共働きをしなければならなくなる。厚生労働省の調査では，子どもがいる現役世帯の相対的貧困率は昭

和60(1985)年に10.3％だったものが，平成24(2012)年には15.1％にまで上昇し，児童のいる世帯の65.9％が現在の暮らしの状況を「苦しい」と回答している(厚生労働省「平成25年度国民生活基礎調査」)。子育て世代の貧困化が進んでいるといえる。

しかし，女性が働きに出るためには，子どもを保育所に預ける必要性が生まれるため，保育ニーズが高まる。保育ニーズの高まりに保育所の収容スペースの供給が間に合わなくなると待機児童が発生する。つまり，昨今の待機児童問題には，子どもが減っているから起こっているという構造的な側面があるのだ。それゆえ，応急的な措置として保育量拡大を進める一方で，より根本的な解決のためには，少子化を食い止め，労働力人口を増やすか，短い時間で価値の高い仕事ができるように働き方を工夫する必要がある。

また，少し前から，「孤育て」が社会問題になっている。これは，夫や親族の協力も得られず，近所との付き合いもなく孤立したなかで母親が子どもを育てる状態をいうが，その背景にもやはり核家族化や少子化，地域のつながりの希薄化がある。学校や職場では円滑にコミュニケーションをとってきた女性でも，子育ての場面ではうまくいかなくなることもある。子育ては正解が見えず，誰かが指示をしてくれるわけでもなく，組織ではなく個人の営みだとみなされるため，気配りの仕方がとても難しい。このため，多くの母親は子育ての人間関係に不安を抱え，孤立することに恐怖を覚えている。

児童虐待に関しては，暴力や性的虐待など，身体的に危害を加えるものに加えて，アダルトチルドレンや共依存，「毒親」と呼ばれる精神的な虐待が問題になっている。児童労働が行われていた時代には，子どもは経済的な資源でもあったが，今では子どもは「経済的には無価値だが，感情的な価値は計り知れない(economically worthless but emotionally priceless)」(Senior 2014: 128)存在になった。英才教育や早期教育が盛んになり，子どもは資源を生み出すどころか，教育を消費するようになっていった。「貧乏子だくさん」は過去になり，子育ては最も金のかかる趣味になった。投資するからにはリターンを期待し，理想の人生を投影したり，強いコントロール下で育てようとしたりする親が現れた。これらの継続的な関係性不全に対処するには，子どもと

親の双方に対するケアが必要になる。これらのリスクは度合いの問題でもあり，誰もがリスクをもち，すべての親が支援のニーズを抱えているともいえるだろう。

　一方で，比較的余裕のある世帯を中心に，男性が子育てに積極的に参加するようになり，イクメンと呼ばれている。これは，女性の社会進出が進んだことと，粉ミルクなどの開発が進み，子育てするのに性別の影響が少なくなっていることが背景にあげられる。性別役割分業やワークライフバランスを見直すという意味では，社会的に望ましい傾向だといえる。しかし，これまで育児を女性に全面的に押し付けていたものを，「例外的に」協力することで称賛されるという非対称な関係も指摘できる。イクメンをほめそやすことは，育児に参加する男性を特別な存在だと認めることになり，女性が育児をするのは当然だという意識をかえって押し付けることにもつながる。イクメンのさらに次の段階として，女性の育児と労働も対等に称賛される社会を目指すべきだろう。

おわりに

　本章では，子どもと家族の歴史を概観し，子育てに関する国際比較研究を検討することで，現在の日本の子育ての特殊性を考えてきた。歴史を見ると，子育ては常に闘いだったことがわかる。伝統的価値と闘い，新しい生活と闘い，そして社会を壊し，再生産していく営みだった。ある時に「こうすべき」と言われたことは，次の時代には全く違う価値観から批判された。子育ての理想像は戦争や景気による労働力需要によって，短期間に大きく揺れ動いた。いまの日本が抱える子育ての悩みは，その多くが社会情勢の変化に関係している。子育てや教育は旧世代の経験や価値観が強く投影される分野だが，「当たり前」の根拠がいかに貧弱なものかに気がつき，人々が共通して抱く孤独と閉そく感が環境によって作られているということに気づいてほしい。

［林　寛平］

考えてみよう！

- 日本では小学生のことを「児童」，中学生や高校生のことを「生徒」，大学生などを「学生」と呼んでいる。それぞれの語源や語彙，対応する英単語等を調べ，各年齢段階の「子ども像」の違いを比べてみよう。
- 自分に子どもが生まれたらどのような子育てを理想とするか考え，そう考えた理由が何に影響されているのか考えてみよう。
- 少子化は先進国が共通して抱える問題で，どの国も解決できていない。少子化の原因や構造はある程度わかっているのに，なぜ解決できないのか，理由を考えてみよう。

引用・参考文献

Ariès, P.（1973）*L'enfant et la vie familiale sous l'Ancien rÉgime*, Éditions du Seuil, Paris.（＝1980，杉山光信・杉山恵美子訳『〈子供〉の誕生　アンシャン・レジーム期の子供と家族生活』みすず書房）

Cunningham, H.（2005）*Children and Childhood in Western Society since 1500*, 2nd Ed., Pearson Education Limited.（＝2013，北本正章訳『概説　子ども観の社会史　ヨーロッパとアメリカにみる教育・福祉・国家』新曜社）

Eisenberg, A., Murkoff, H. E. and Hathaway, S. B. S. N.（1994）*What to Expect the First Year*, Workman Publishing.

Instagram, https://www.instagram.com/p/0PJUURgGUI/（2015年11月30日閲覧.）

Jones, C.（2014）*The Smile Revolution in Eighteenth Century Paris*, Oxford University Press.

厚生労働省（2014）「平成25年　国民生活基礎調査」

厚生労働省（2015）「報道資料「保育所等関連状況取りまとめ（平成27年4月1日）」を公表します」2015年9月29日

Leach, P.［1977］（2010）*Your Baby & Child: From Birth to Age Five*, Revised edition, Alfred Knopf.

Lyman, R. B. Jr.（1974）"Barbarism and Religion: Late Roman and Early Medieval Childhood", de Mause L.（ed.）*The History of Childhood*, Psychohistory Press, pp.75-100.

Martin Kolpi, Barbara（2006）Förskolan i Politiken - om intentioner och beslut bakom den svenska förskolans framväxt, Utbildnings- och Kulturdepartmnetet.（＝2010，太田美幸訳『政治のなかの保育―スウェーデンの保育制度はこうしてつくられた』かもがわ出版）

Myrskylä, M., Kohler, H. P. and F. C. Billari（2009）Advances in development reverse fertility declines, *Nature*, Vol.460, Macmillan Publications.

内閣府（2005）『平成 17 年版　国民生活白書―子育て世代の意識と生活』

OECD（2014）*OECD Family Database*.

OECD（2015）*OECD Labor Force Statistics 2014*.

Panorama（web 版），2015 年 3 月 12 日，Dolce e Gabbana e la famiglia tradizionale: le reazioni, http://www.panorama.it/news/cronaca/dolce-e-gabbana-famiglia-tradizionale-reazioni/（2015 年 11 月 30 日閲覧）

Save the Children（2015）*State of the World's Mothers 2015, Saving Mothers and Children in Humanitarian Crises*.

Schultz, T. P.（2005）"Fertility and Income", Yale University, Economic Growth Center, Center Discussion Paper No.925.

Senior, J.（2014）*All Joy and No Fun,* The Paradox of Modern Parenthood, Virago Press.

渋谷区ホームページ　https://www.city.shibuya.tokyo.jp/est/oowada/partnership.html（2015 年 11 月 30 日閲覧）

総務省統計局「労働力調査」(http://www.stat.go.jp/data/roudou/index.htm)

Spock, B.（1945）*The Common Sense Book of Baby and Child Care*, Duell, Sloan and Pearce.

Telegraph web 版　http://www.telegraph.co.uk/news/celebritynews/11473198/Sir-Elton-John-calls-for-Dolce-and-Gabbana-boycott-after-row-over-same-sex-families.html（2015 年 4 月 3 日閲覧）

恒吉僚子・S. ブーコック（1997）『育児の国際比較　子どもと社会と親たち』日本放送出版協会。

Weil, D. N.（2012）*Economic Growth*, Third Edition, Prentice Hall.

West, M.（1914）*Infant Care*, Care of Children Series No.2, Bureau Publication No.8, U.S. Department of Labor, Children's Bureau.

United States Department of Labor, Children's Bureau（1929）*Infant Care*, Bureau Publication No.8, Revised July.

第2章

社会化理論の再検討と子ども観・青年期の揺らぎ

● 本章のねらい ●

　本章では，まず社会化の観点から人のライフコースを概観し，続いてパーソンズによる AGIL 図式に則りながら，人が定位家族に産まれて成人期に至るまでの社会化の過程(プロセス)を紹介する。仮に，パーソンズの理論を社会化の古典的理論ととらえるとするならば，現代人の社会化の様相はどのようにとらえられるだろうか。近年の子どもの状況や青年期の問題などに言及しながら，いま必要とされることについて考えてみたい。

第1節　現代人のライフコースと社会化 (socialization)

　近代以降の産業社会において，いわゆる一人前の大人 (成人) になる過程(プロセス)を考えた場合，人々が所属し通過していく集団には一定の規則性ないし傾向性が認められる。まず第一に，人はこの世に生を受けたその瞬間に，第一次集団たる定位家族に属し，家庭という集団のなかで庇護や保護を受けながら，人間としての基本的な方向づけを受けていく。クーリー (C. H. Cooley) が提唱した，この第一次集団とは，人間性や人間の道徳を形成する親密な集団をさす (Cooley 1909 = 1970: 24-31)。人が生まれ落ちる定位家族はその典型だといえる。そしてこの段階を第一次社会化あるいは初期社会化と呼ぶが，人が社会生活を送る土台が形成される点において，極めて重要な時期だといえる。

第1節　現代人のライフコースと社会化（socialization）

　第二に、家庭でさまざまな役割体系や下位文化を学んだ次の段階では、人は第二次集団にも属することになる。第二次集団は自然発生的ではなく、一定の目的・利害・関心のために意図的に作られた集団である。その典型は学校であり、就学前の幼稚園・保育園に通う時期を含めれば、人は誕生後数年で、家庭にいる以上の時間を、こうした機関（エージェント）で過ごすようになっていき、家庭よりも高度な役割体系や下位文化を学び、職業社会に参入する準備をしていく。

　第三に、職業社会への参入である。ここでは、役割体系や下位文化がさらに複雑化し、人には場面場面に応じた役割期待が課せられ、定位家族から生殖家族への移行が見られる。年齢的に、多くの人がこの時期に配偶者を得、自分の子どもを育て、仕事をし、という具合に、複雑かつ多様な役割をこなす時期でもある。

　しかし、人生の華たる職業生活時代が永遠に続くわけではなく、第四に老年になれば、人には引退期というものが来る。ただ、ライフコースにおけるこの段階においても人には役割期待があり、現代では医学の進歩とともに人の寿命も延び、いかに引退期を過ごすかは、QOL（Quality of life：生活の質）の観点からみても、人にとって重要な問題であるといえる。

　以上のライフコースの流れを図示するとすれば、たとえば**図2.1**のように描けるだろう。図が示す通り、人は子ども期（Childhood）や学齢期（Education）を主として定位家族で過ごし、学卒後は就業期（Work）に入る。この頃には成人期・成熟期を迎えるため、多くの人々が定位家族から自立して生殖家族を新たに築く。そして引退期（Retirement）を迎え、初老期、老年期を過ごすというわけである。

　先述した「一定の規則性ないし傾向性」というのは、C（Childhood）→ E（Education）→ W（Work）→ R（Retirement）の流れであり、この方向性が一方向のベクトルとなり、基本的には不可逆であることを示す。というのは、先行集団の下位文化や役割体系を獲得してからでないと、後続集団でのより高度な文化や役割を獲得できないからである。

　このように考えてくると、社会化（socialization）とは「社会的・集団的生

第2章 社会化理論の再検討と子ども観・青年期の揺らぎ

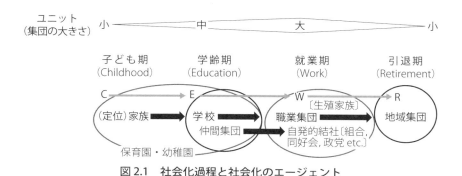

図2.1 社会化過程と社会化のエージェント

活のなかで役割を獲得し、文化を内面化していくこと」と、解することができるが、人間の発達過程、つまりライフコースはほとんどが社会化の過程であり、社会化の最初のエージェントが定位家族ということになる。そう考えると、人は一生、社会化される存在であるといっても過言ではなく、生まれ落ちる定位家族の重要性に気づかされるのである。

第2節　大人になるとは？
パーソンズのAGIL図式を援用した社会化論を中心に

1. AGIL図式による社会化過程

いわゆる一人前の「大人」になるとは、どうなった状態のことをいうのであろうか。最も簡単なのは、成人式で新成人を祝うように、二十歳（はたち）という年齢で区切ることである。だが、進学率の上昇に伴う修学年限の長期化により、成人してもなおも学生である人が多い現在の日本社会において、年齢で区切るのは乱暴に過ぎる。たとえば、成人式に招かれた新成人が式で暴れたり、あるいは式に向かう途上で暴走し交通事故を起こしたりといった事件が毎年のように報道されるが、このような事件からも、二十歳になれば責任ある「大人」と呼ばれる人が育っているかといえば、甚だ疑わしいことがわかる。

そこでここでは、前出の「就業（W）期」に着目する。というのは、この

第 2 節　大人になるとは？　パーソンズの AGIL 図式を援用した社会化論を中心に

時期に人は就業するのみならず，大多数が定位家族から独立し新たな生殖家族を築くからである。この W 期にて，人はひとまず一人前になると考え，ここに至るまでの社会化過程(プロセス)を AGIL 図式（AGIL schema）というシステムモデルに依拠しながらトレースしてみよう。

　タルコット・パーソンズ（T. Parsons, 1902-1979）は，第二次世界大戦後の 30 有余年の期間，世界の社会学を席捲した米国の代表的な社会学者である。彼はこの AGIL という概念用具を駆使して，さまざまな現実問題を分析していった。

　AGIL はパーソンズの協力者でもあったベールズ（R. F. Bales）の考え方から出発している。ベールズは「相互作用過程についての実験研究を行った結果，仕事を遂行する集団，あるいは課題を解決しようとする集団は，その機能を行うために四つの基本的な行為のパターンを示すことを発見した」（パーソンズ＆ベールズ訳書 2001: 549）。こうしたベールズの発見の示唆を受け，パーソンズは，社会化過程に必須の基本的機能として AGIL 図式を定式化した。

　ここで紹介するのは家族社会学の議論，すなわち家族内役割分化と家族内社会化の AGIL 図式による分析である。図 2.2 で示される通り，動学モデルとしての社会統制過程は，LIGA の順序で進むとされる（中山 1986: 37-38）。つまり図中の L（左下）を第一位相とし，順に I（右下・第二位相），G（右上・第三位相），A（左上・第四位相）の流れで，社会化は進んでいく。

　前述したように，AGIL は仕事の遂行ないし課題解決の道筋における四つの位相としてとらえられる。と同時にまた，体系における四つの機能上の問題（functional problems）としてもとらえることができる（同書：539-540）。すなわち，社会体系は 2 軸によって分化，換言すれば 2 軸の周りに組織される。一つめは「外」と「内」という軸，二つめは「手段」と「目的」，あるいは「道具的」（instrumental）と「成就的」（consummatory）という軸である。この 2 軸の組み合わせは，四つの機能面を浮かび上がらせる（図 2.2）。

　A（適応）では体系が外部状況との調整を図ること，G（目標達成）では体系が外部状況との関連において目標達成すること，I（統合）では体系内部の統

第 2 章　社会化理論の再検討と子ども観・青年期の揺らぎ

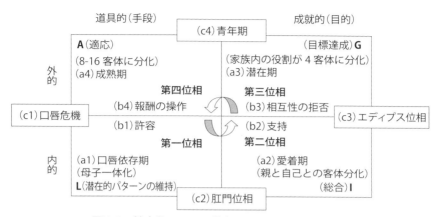

図 2.2　社会化の四つの位相—AGIL 図式—
パーソナリティー発達過程の位相運動図式

(出所)　田野崎昭夫編 (1975: 77) を加筆改変。

合を図ること，そして L（潜在的パターンの維持）では体系内部の各単位間の調整を図ることが，それぞれ中心的な問題となる。

　社会化の進行は，社会統制過程として LIGA の順序で進むわけだが，その進み方はスパイラルないしコイル状に前進してゆくものであり，「三歩進んで二歩下がる」のイメージだともいえる。ちょうど図 2.2 のなかのメビウスの輪のような捻れた矢印は，このスパイラルな社会化の進行過程を，メタ的に表現したものである。

　各位相における (a) (b) (c) の各段階は，次のように説明される。

(c1～c4) の各段階：パーソナリティーの発達において安定した時期を妨げ，変化を早め，新しい段階を生じさせる。崩壊または危機。

(a1～a4) の各段階：パーソナリティー体系の比較的安定した四つの位相。

(b1～b4) の各段階：社会統制を学習するための特殊なメカニズム。

　簡単に言えば，c 段階では次のステップに入る前の準備としてのリセットをかける意味で，いったんカタストロフィー（何らかの破局，崩壊）を迎える，というイメージである。次なる a 段階は，位相のなかでの安定状態を意味し，

第2節　大人になるとは？　パーソンズのAGIL図式を援用した社会化論を中心に

同時にb段階は，位相にとどまる時期に学習する特殊な社会統制メカニズムを示していると理解すればよいだろう。

今度は，第一位相から第四位相に分けて，社会化過程（プロセス）を説明してみると，以下のように整理できる。

- 第一位相：c1 口唇危機・a1 口唇依存期（b1 許容）……母子の相互関係に関連。子どもは保護されるべき対象。服従と期待と依存の状態に置かれる。
- 第二位相：c2 肛門位相・a2 愛着［排泄訓練］期（b2 支持）……母子の最初の分化。子は自分の行為によって母の是認や支持を操作できることを知る。母子の相互行為が，保護ではなく愛によって支配されるようになる。
- 第三位相：c3 エディプス位相・a3 潜在期（b3 相互性の拒否）……パーソンズが最も重視。エディプス危機を経て，子どもは父母を通して「両親と子ども」・「性別」という二組の区別・分化があることを知る。エディプス位相を乗り越えると，潜在期に入る。子どもは家庭外の集団（とくに学校）で母親の考え方（規範）以外のルールを知る。
- 第四位相：c4 青年期・a4 成熟［人］期（b4 報酬の操作）……異性への関心の増大とエディプス的エロティシズムへの回帰との間の緊張状態。社会的機能としては性役割分化の履行がさらに進む。家族の外の世界がさらに拡大・分化。

要するに，第一位相から第四位相までのステップをスパイラル状に進みながら，人は社会化されていくのである。興味深いのは，b段階がサイコセラピーの4ステップになぞらえられることである。すなわち人は，誕生後間もなくは，(b1)「許容」されていればよい庇護状態に置かれ，ものごころがつくと，(b2)「支持」を取り付けようと保護者の関心をひこうとする。それが学齢期のギャングエイジの頃になると，取り入っても取り合って貰えない(b3)「相互性の拒否」という経験を，保護者および周囲の大人から受ける。それ

は躾の一環であったり，習い事やスポーツ少年団での厳しい指導であったりすることもある。そして疾風怒濤の時期たる (c4)「青年期」を乗り越えると，能力に応じて報酬の多寡が決定される (b4)「報酬の操作」を受ける職業生活を送ることになるのである。

　さらにいえば，「青年期」が (c4) として崩壊・危機に位置づけられていることも興味深い。これは，青年期が疾風怒濤の時代だとか辺境人（マージナル・マン）だとかと言われてきたことからも明らかなように，青年期は大人でも子どもでもない中途半端なポジションにあり，生まれ育った定位家族が桎梏(しっこく)（手かせ足かせ）の場に感じられる時期だからということに由来する。この時期には，両親を疎ましく感じることもあり，だからこそ青年は，自立するべく新たな生殖家族を築こうとするし，築いてきたともいえるのである。こう考えると，(c4)「青年期」は心理的に安定してくる (a4)「成熟期」に入る前の嵐の時期（疾風怒濤の時期）であり，まさにカタストロフィーの時期だととらえることが可能となろう。

　さて，(c4)「青年期」を経て (a4)「成熟期」に入ると，多くの人が生殖家族を築くようになるわけだが，そこで人は自分の育った定位家族を準拠枠 (frame of reference) とし，子育てや家族のマネジメントをするようになる。つまり自分が育った家族を参照枠としながら，「自分はこんな時，親にどうやって貰っただろうか？」と想起しながら，若い夫婦は子どもと向き合うわけだ。言ってみれば，親にしてもらったようなやり方で，若い夫婦は子どもに愛情を注ぐことになる。俗論でいう「虐待の世代間連鎖」が起こるのも，人間が「親にしてもらったようにしか子どもにもしてあげられない」という限界をもつことに由来すると考えられよう。

　このように見てくると，人が定位家族に誕生して以降，成人して新たな生殖家族をもち，いわゆる一人前の大人と言われるまでのプロセスを，パーソンズによる AGIL 図式はかなり的確に説明してくれているのであり，今日においてもなお一定の説明力を持ち得ていると考えられるのである。

　ただし，社会統制過程の位相運動図式としての AGIL 図式が万能かとい

えば，そうではない。パーソンズ存命の頃から，一時代のアメリカの保守的な家族（パーソンズ型家族）をモデルにしているために，女性の就労増や別居や離婚が考慮されていない，という問題点の指摘はみられた。また，社会化は常に一方向の過程なのか？という疑問，すなわち大人が社会化の担い手（socializer）であり，子どもが常に社会化される対象（socializee）なのか，という問題点も生ずる。たとえば移民の場合は，言語習得その他で，子（若者）が親（年長者）に対する社会化の主体になることもあり，必ずしも長上者が社会化の主体たりえない，という指摘である。AGIL 図式が，古典的な社会化論と目される所以がここにある。

2. 初期社会化の特質

　前項では，AGIL 図式を援用して，人が一人前の大人になるプロセスを社会化論の観点からトレースしつつ説明した。ここでは**図 2.2** でいうところの第一位相から第三位相の始めあたりまでに相当する部分を詳説しておく。前述した通り，この部分は定位家族における第一次社会化あるいは初期社会化に相当し，極めて重要な意味をもつ。というのは，人間は生まれてくる家族を選べないにもかかわらず，家族や親によって人生を大きく規定されていくことは否定できないからである。

　パーソンズは家族の二大機能として次の 2 点を提案している。すなわち，「第一は，子どもが真に自分の生まれついた社会のメンバーとなれるよう行われる基礎的な社会化。第二は，社会の人びとのうち成人のパーソナリティーの安定化」，であると（パーソンズ&ベールズ訳書 2001: 35）。前者は子どものパーソナリティー形成，つまり社会化を指し，後者は大人（親）のパーソナリティー安定化を指す。

　前者は，極めて当然のことなので想起しやすいが，後者は当たり前ながら，意外と想起しにくい。というのは，子育てには一生懸命になるが，自身のパーソナリティー状態がどうであるかなどは，子育て真っ最中の親は考えるべくもないからである。だが，「子の笑顔が親の明日への活力に」と，昔から言われているように，子どもの成長を親自身が喜び，心を安定させることが

できない限り，子どもの健やかな成長などは見込めない。その意味で家族の二代機能は，両者が両立することが肝要となる。なぜなら両者が相俟ってこそ，家庭での安息が得られるからである。

ここで，初期社会化の特質を整理しておこう。家族において子どもが最初に身につけるべき人間的資質が，初期社会化の特質といわれるものであり，以下の4点に纏められる。順に説明していこう。

① 言語的記号の獲得と基層文化の内面化

言語の獲得は，他者とのコミュニケーションや自己コントロール（内的言語）のためにあるばかりではない。むしろ，子どもに当該社会の潜在的文化（価値，観念，無意識に養われた習慣など）を内面化させることに寄与するのである。時期としては，先の**図 2.2** 中の (a1)「口唇依存期」から (a2)「愛着期」全般にわたる期間だと考えられよう。

ここで想起されるのが，米国の人類学者クラックホーン（C. Kluckhohn）である。彼によれば，「文化は顕在的価値と潜在的価値からなり，後者はその社会の成員にほとんど意識されないが，彼らの行動を規制している」という（松沢 1993: 335-336）。つまり顕在的価値ではなく，潜在的価値からなる潜在的文化を身につけることこそが，人にとっての第一次（初期）社会化になるのである。

こう考えると，人は言語を通して社会化される存在ともいえる。つまり，言語の獲得は基本的社会化をも意味しており，言語的特性は文化や社会化にも影響をあたえうる。たとえば，相手との関係性によって二人称の言い方が多様に用いられる日本語は集団的自我，まずは一人称での思考や表現が多くなる英米語は個人的自我にそれぞれ依拠しやすくなると考えられてきたのも，その所以である。

② 愛の原体験と権威の原体験

ところが，(c2)「肛門位相」のあたりのいわゆる「排泄訓練期」になると，子どもは母子一体から自他分化へと向かい，自分の行動で母親（ないし母親役割を演じる人）を喜ばせることができると知り，愛を表現することを学ぶ。

一方，父親（ないし父親役割を演じる人）の，子にとっての意義は，権威の

第2節　大人になるとは？　パーソンズのAGIL図式を援用した社会化論を中心に

原体験である。つまり，子がやや長じて「排泄訓練期」に入り，母親の統制ではどうにも手に負えなくなった時，子どもに命令する役割である。ただ，他方で子を庇護し願望をかなえてもくれるので，子には受容尊敬され，権威になるのである。ここで留意したいのは，権威となるためには単に厳しく叱責するだけでは駄目で，子どもに受容尊敬されることが必須になってくるということである。

　精神分析学者のフロイト（S. Freud）は，6歳以前の幼児が親の道徳的態度を取り入れることによって形成される「超自我」が，人間の「良心」にあたり，父親の権威と子どもの良心の形成とには関連があると考えた。彼の説によれば，「この時期に父親が不在であったり，母親への依存度が強すぎたりすると，超自我の形成が不十分なものとなってしまう。その結果，子どもの社会性の発達にゆがみが生ずることになる」という（船津 1993: 1015-16）。権威の感覚が規範意識・道徳・畏敬の念を作るとするならば，この時期にきちんと叱られる経験を積み重ねることの大切さが納得されよう。間違ってはいけないのは，「叱る」ということは，大人が怒りをぶつけることではないということだ。それでは権威の感覚は決して育たないということであり，あくまでも子どもに受容尊敬されねば意味がないわけである。

　さらに留意点を付加すれば，愛の原体験・権威の原体験は，実の両親が揃っていて，両親から注がれねばならないといっているわけではない，ということである。要は，母親的役割と父親的役割を果たしてくれる人が側にいてくれればよいわけで，実の親の存在に拘泥しているわけではない。家族構成が複雑化した現代日本社会において，単親からあるいは祖父母などから愛と権威の原体験の両方を享受して育つ人もいるはずであり，むしろそうした人の方がしっかりとした人格に育つこともありうるわけである。

③ 自律性の形成

　母親的愛（慰め・支え）と父親的権威（厳しい自律の要求）の両方が相俟って，社会化は有効に進む。つまり健全な自律性が形成されていくわけであるが，(a2)「愛着期」から (a3)「潜在期」の始めにかけての時期が自律性形成期と考えられよう。

④ 性別役割の分化

これも③と同じ時期に涵養されると思われるが，子どもはまず同性の親との同一化を図ることで，男らしさ，女らしさの具体的モデルを学んでいく。さらには父母の夫婦としての関係を見ることで，最初の異性関係のあり方を学んでいくのである。

よく TV のホームドラマなどで，子どもの前で夫婦喧嘩する若夫婦を，姑などが「子どもの前で喧嘩をするな」などとたしなめる場面が出てくる。これなどは，一番身近な異性である両親がいがみあっていては，子どもは将来築くであろう異性との関係に期待などもてなくなる，ということを慮っての言動だとわかる。

3. 子どもの発達による家族の意味づけの変化

ここまでの議論で，家庭が子どもにとってもつ意味は不変でなく，子どもの発達段階に応じて変わっていくことがわかるだろう。つまり定位家族に生まれた子どもにとって，「母胎の連続」[図 2.2 (c1) 〜 (a1)] であった家庭という場が，成長とともに「愛情充足の場」[図 2.2 (c2) 〜 (a2)] へと，その意味を変える。そして，さらに子どもが長じて学齢期になると，学校で出会った仲間集団（peer group）を獲得し，家庭は港たる発着点という意味づけになる。イメージとしては，朝「行ってきま〜す」と家を飛び出す子どもの姿が，さながら港から漁にでる船のようであり，放課後になって夕方日が暮れるまで外で遊んで，それぞれの家に帰り着く子どもの姿が，今度は漁を終えて港に戻る船になぞらえられるというわけだ。

しかし，凪のような発着地としての家庭の時期は長く続くわけではない。青年期になると，就職・結婚などの自立課題を達成すべく，子どもは自分の生殖家族形成へと活動を始める。この時期の定位家族は，子どもにとっては抜け出すべき拘束の場にも感じられるがゆえに，桎梏（手かせ足かせ）の場に感じられるということになる。

そして成人（熟）期になって，多くの人が自分の生殖家族をもつ頃になると，己の育った家庭を客観的に眺められるようになる。この時期には，定位家族

は前述したように準拠枠 (frame of reference) となっていく。

　最終的な課題としては，親の側は青年期の子の反抗を受け止め，子との愛情関係を清算するという「子離れ」に行き着く。他方子どもの側は，親に一時期は反抗しても，最終的には適当な位置で接合する「親離れ」が目指される。言ってみれば，人々が連綿と続けてきた当たり前の業(わざ)を実現することが，目標ということになる。

第3節　現代における社会化論の揺らぎ

1. 初期社会化論の揺らぎ

　時代は21世紀に入り，現代日本社会はそこから起算して15年以上経った。高齢化社会から高齢社会，そして超高齢社会へと加速度的に社会が変容するなか，少子化傾向に歯止めがかかって上向くかといえばそうとはいえず，政府が1.43人（2013年当時）から引き上げると目標に掲げた合計特殊出生率 (total fertility rate) 1.8人（2015年現在）という数値は，絵に描いた餅の状態である。ちなみに合計特殊出生率 (total fertility rate) とは，1人の女性が生涯に産むと推定される子どもの数で，出産期と想定した15歳から49歳までの女性の年齢別の出生率（出生数÷年齢別女性人口）を合算して計算する。日本では1970年代前半まで2.1程度で安定していたが，75年に2.0を割り込み，2005年には1.26まで落ち込んだ。

　このような社会状況下で，現代を生きる子どもの社会化の様相は変わってきている。まず，「少なく産んで賢く育てる」という発想が，子育てにはお金がかかるという情報を蓄積させた。一般に，生計費中に占める飲食費の割合を示す係数をエンゲル係数というが，これになぞらえて「家計支出の中に占める子育て費用の割合を示す数値」は，エンジェル係数と呼ばれるようになった。景気変動に左右されるので，エンジェル係数は1990年代前半のバブル期がピークとされ，必ずしも上昇しているわけではない。ただし，バブル崩壊後のデフレ・スパイラルの世相の下，生計費自体が減るなかで，子育

て費用総額は減っても進学準備などの教育費実額はそう変わっていないという指摘も見られる[1]。

　こうした状況下では，豊かさのアノミー（anomie）ともいえる少子化の逆説たる現象が顕現する。アノミーとは社会学者デュルケム（É.Durkheim）が提起した用語で，「社会的規範が失われ，社会が乱れて無統制になった状態」を指す。つまり，「少なく賢く」という傾向に拍車がかかり，金銭的・時間的な産育コストが増加する一方，家庭での第一次（初期）社会化の機能不全の現象が現れ出した，とみることができるということである。

　折しも，学級崩壊というマスコミによる造語が人口に膾炙したのは1990年代後半とみることができるが（腰越 2010: 40），学級崩壊は「小学校において，授業中，立ち歩きや私語，自己中心的な行動をとる児童によって，学級全体の授業が成立しない状態」を指す。言うまでもなく，家庭での第一次社会化の機能不全が，学級崩壊の核となる児童を生み出したと想像するに難くなく，こうした一群の児童の心理的問題が疑われ，注意欠損多動性障害（ADHD）などとの関連が，根拠乏しく喧伝されるに至ってしまったのである。

　ここで留意すべきは，学級崩壊の首謀格の児童が心理的疾患をもっていると断定しているわけではなく，また学級崩壊児童は，初期社会化の機能不全であり親に全責任があると論難しているわけでもないということだ。ただ学級崩壊を巡る諸現象が，1990年代後半をピークに生起したという事実を鑑みる時，「子どもを育てる」＝「社会化させる」ということを，各家庭内だけの事象ではなく，社会の問題として考えていく必要があるということだけは指摘できる。

　図2.2にみたAGIL図式による社会化過程は，日本の性役割（ジェンダー）状況では1960年代が最も適合的であったという。当時の日本社会は，現代と比して専業主婦率が高く，子どもの躾を含む社会化において，母親の役割（母性）が，父親役割（父性）よりも大きく寄与していたと考えられる。時代が進んだ現代では，女性の社会進出が進み男女共同参画が謳われるだけあって，共働き夫婦世帯数が増加した。そうなると，子育てには夫婦で関わることが社会の常識として通用しだし，いわば母親のもつ母性だけでなく父親の

第3節　現代における社会化論の揺らぎ

父性もしっかりと発動させて，親性として夫婦連合しての子育てが前提となった。

だが，子どもを産むことで覚醒する母性とは異なり，父親の父性は，子どもに寄り添い続けながら，その過程のなかで自ら学習しない限り体得が難しい。それは女性とは異なり，子どもを産むということに男性が肉体的痛みを伴わないことにも由来しようが，親性を発揮できているカップルがどれほどいるかと考えると，甚だ心許ない。現代のカップルは，母性も父性も不十分で両者を併せた親性も不十分な人たちが少なからず存在する。そうであればこそ，初期社会化の機能不全現象が顕現しているともいえるわけである。

2. 社会化位相における青年期の揺らぎ

社会化論の揺らぎとして，少なくとももう一点指摘しておかねばならないのは，長期化する青年期の問題である。

図 2.3，図 2.4 は若年無業者の経年変化を見たものであるが，内閣府『平

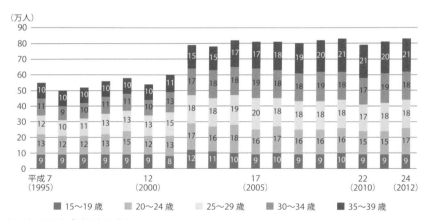

（出典）総務省「労働力調査」
（注）1．ここでいう若年無業者とは，15～34 歳の非労働力人口のうち家事も通学もしていない者。グラフでは参考として 35～39 歳の数値も記載。
　　2．平成 23 年の数値は，岩手県，宮城県及び福島県を除いたものである。

図 2.3　若年無業者数の推移

（出所）内閣府『平成 25 年版　子ども・若者白書』HTML 形式（全体版）よりデータを用いて作図。

第2章 社会化理論の再検討と子ども観・青年期の揺らぎ

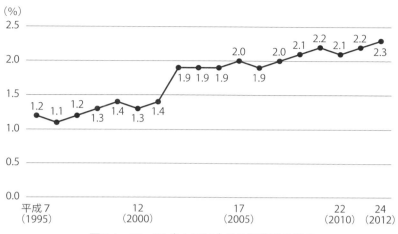

図 2.4　15〜34歳人口に占める無業者の割合

(出所) 図 2.3 に同じ。

成25年版　子ども・若者白書』では，以下のように説明されている。

「若年無業者(15〜34歳の非労働力人口のうち，家事も通学もしていない者)の数は，平成14(2002)年に大きく増加した後，おおむね横ばいで推移しており，平成24(2012)年には63万人である。15〜34歳人口に占める割合は緩やかに上昇しており，平成24年は2.3％となっている。年齢階級別にみると，15〜19歳が9万人，20〜24歳が17万人，25〜29歳が18万人，30〜34歳が18万人である」(第1部・第4章・第2節)。

要するに，無業者は漸増の状況にあり，生殖家族を築き成熟期に入りたくても入れない超モラトリアムのような状態に置かれた青年が，現代日本には相当数存在するということだ。

フリーターに関しても，次のように指摘される。すなわち，「当該年齢人口に占める割合は平成20年を底に上昇傾向にあり，平成24年は6.6％である。15〜24歳では平成24年に大きく低下したものの，25〜34歳の年長フリーター層では上昇が続いている」と(内閣府 同上)。

さらに深刻なひきこもりに関しては，平成22(2010)年段階で「ふだんは家にいるが，近所のコンビニなどには出かける」「自室からは出るが，家か

らは出ない」「自室からほとんど出ない」などに該当する「狭義のひきこもり」が23.6万人。また「ふだんは家にいるが，自分の趣味に関する用事の時だけ外出する」という「準ひきこもり」が46万人。両者を併せた広義のひきこもりということになると，69.6万人と推計されている（内閣府 同上）。

こうなると現代日本では，定位家族を，抜け出すべき桎梏の場ととらえ，そこから生殖家族を築くという若者の生き方のモデルは夢のまた夢となる。むしろ，定位家族に留まり年金を含む親の収入をあてにしないと生きていかれない若者たちが大量に存在しているという現象が，珍しいことではなくなっているということだ。

AGIL図式において，青年期は確かに次のステップに向けての崩壊または危機の状態であった（図2.2）。だが，永遠に成熟期に入れない状態に留め置かれた時，AGILによる社会化の説明自体が破綻してしまう。若年無業者・フリーター・引きこもりなどの若者に，どのように社会的セーフティーネットを設けていくのか。青年期と成熟期を繋ぐ緩衝材のような概念装置を，公的扶助の形で社会が用意する必要はないのか。そして，その公的扶助を緩衝材とした機関をも含んだ社会化論の説明図式を考えていかねばならぬほど，自立できない青年の問題は，今後の日本社会に暗い影を落としているといえるだろう。

第4節　子ども観の揺らぎと改めて問われる大人とは？

前節の問題とも関連するが，精神科医の斎藤環は，新聞紙上で次のように述べている。

「私が今，最も懸念しているのは，子どもの虐待件数がどんどん増加していることです。〈中略〉児童虐待防止法の施行で実態が透明化されたこともあり，児童相談所での相談件数は施行前の5倍以上です。親子だからといって，無条件に子どもを可愛がるわけではない，という現実が身もふたもなく露呈しています。団塊世代の親は，まだ無条件に我が子を可愛がる傾向があ

りました。しかし臨床の現場では，親がひどい目にあうくらいなら，子どもは捨ててもいいくらいの認識が一般化してきている印象です」[2]。

　つまり，前節の成熟期に入れない青年の問題以上に，未成熟なまま形態のみ生殖家族を築いて子どもを授かった人が，実の子どもを虐待したり最悪の場合は殺めたりしてしまうという，愚の極みを犯すこともあるということである。

　無論，筆者としては，斎藤の主張に全面同調しているわけではない。たとえば，嬰児殺（えいじさつ）や尊属殺（そんぞくさつ）が現代日本において急増したかと問われれば，戦後で考えると「そうではない」とする広井（2006）による研究もある。広井は教育問題の原因や背景に，根拠もなく核家族化が挙げられてきた論調に疑問を呈し，核家族化と児童虐待や嬰児殺との相関関係を調べている。そこでの知見によれば，「昔は虐待はなかったとか，昔はこんなにひどい親はいなかったというイメージは，やはり単なるイメージに過ぎない」（広井 2006: 10）と指摘される。あるいはまた，「嬰児殺と核家族化のデータに相関関係がないことも明らかである。嬰児殺は，核家族化が低かったと思われている1950年代前後が最も多かった。この時期を『戦後の混乱期』と見るとしても，1960年代から70年代はどうか。子どものいる世帯の核家族率は，1970年から75年にかけて3.4％増えてはいる。だが，以後，嬰児殺は急減し，子どものいる家庭の核家族率にほとんど変化はない」（同上：13）との指摘も見られる。そう考えると，斎藤の指摘にあるような考え方が，必ずしも正しいわけではないことも首肯されてくる。

　だが，そうはいっても2000年以降に起きた実の親による，実子の殺害事件の数々を想起する時，犯人たる実の親は，もはや人とは言えないのではないかとすら思いたくもなる。そうした容疑者たちの精神異常と猟奇性を疑い，彼らを子どもを愛し養育している大多数の親たちと区別し，そうした親と彼らとは無関係と考えて黙殺することもできよう。だが，無関心を決め込むことは断じて許されない。なぜなら子どもは，社会の側が育んでいかねばならない側面もあると考えられるからだ。

　こうした事件を目の当たりにしたとき日本の伝統的な子ども観が揺らぐどころか崩壊してきており，人心そのものがアノミー化の様相を呈している感

第4節　子ども観の揺らぎと改めて問われる大人とは？

を抱くのは，筆者ひとりではなかろう。しかし，そうしたアノミー化の流れに対しては，断固として抗していく必要がある。

　ポイントとなるのは，青年期から成熟期に至る大人の概念の問い直しである。年齢だけ成人に達しても，「大人」たりえない人が，社会に大量に溢れている現状を直視すべきだろう。大人である以上，自分の獲得した能力を使って，社会に対して一定の専心（コミットメント）をし，その対価として報酬を受け取る。それが大人の最低限の条件であるはずだ。ただし懸命に努力を重ねても，不遇にもコミットメントの機会が与えられていない青年もいるだろう。そうした人には，社会が公的扶助を整えて，青年期から成熟期へしっかりと移行できるように，サポートのシステムを考えるべきなのではないか。

　現状の日本社会においては，選挙権年齢が18歳に引き下げられ，青少年が自立して政治参加を行える働きかけを促進しようとする動きがみられる。だが，見方を変えれば，自らの生き方の方向性が定まっていない青少年を無理矢理に大人の側に形式的に組み込もうとする風潮，とみなすことすら可能である。いま本当に必要な梃子入れとは何なのか。青年期から成熟期へのトランジションを，社会がバックアップする視点を含め，われわれ一人ひとりが大人とは何かについて考え，次世代を担う子どもを，社会の資産として責任をもって育成することについて，真剣に考え直す時が来ているといえよう。

［腰越　滋］

● **考えてみよう！**

- ▶ 現代における幼少期の子どもの躾について，初期社会化の特質を参考にあなたの考えをまとめ，学友たちと意見交換してみよう。
- ▶ 青年期が長期化し，若年無業者・フリーター・ひきこもりなどが現代日本でも問題化しているが，諸外国の事情なども調べたりしながら，我が国で取り得る改善策についてまとめ，話し合ってみよう。
- ▶ 子どもの虐待殺人という事態を起こさないためには，どのような手立てがあるだろうか。子どもを授かった若い夫婦への教育など，考えられるあらゆる社会の側からの公的扶助について，議論してみよう。

● 注

1) 野村證券株式会社『第10回 家計と子育て費用調査』(エンジェル係数調査，p.12)によれば，「家計支出」とエンジェル係数から算出した「子育て費用実額」，さらに教育費割合を使って算出した「教育費実額」は，2003年以降一定水準を保っているという。
2) 斎藤環「[インタビュー]『自立促す』は幻想　遅れる若者対策　公的扶助も整えよ」『朝日新聞』2016年1月19日（火），17頁 [オピニオン] 欄。

● 引用・参考文献

Cooley, Charles H. (1909) Social Organization: a study of the larger larger mind. (= 1970, 大橋幸・菊池美代志訳『現代社会学体系4　社会組織論』青木書店
船津衛 (1993)「超自我」森岡・塩原・本間編集代表『新社会学辞典』有斐閣
腰越滋 (2010)「校内暴力，学級崩壊」武内清編著『子ども社会シリーズ5　子どもの「問題」行動』学文社，pp.32-50
広井多鶴子 (2006)「核家族化は『家庭の教育機能』を低下させたか」明治安田生命生活福祉研究所編『クォータリー生活福祉研究』57号（Vol.15 No.1）
内閣府 (2013)『平成25年版　子ども・若者白書』
中山恵子 (1986)「AGIL」日本教育社会学会編『新教育社会学時典』日本教育社会学会
大橋幸 (1993)「クラックホーン」森岡・塩原・本間編集代表『新社会学辞典』有斐閣
パーソンズ, T.・ベールズ, RF. 著，橋爪貞雄ほか訳 (2001)『家族―核家族と子どもの社会化―』黎明書房
田野崎昭夫編 (1975)『パーソンズの社会理論』誠信書房

● COLUMN ●

▶ 市場原理のなかに置かれた学校

　2005年創刊の『プレジデントファミリー』のコンセプトは，子どもを元気にして親も元気になるための父親スキルを提供するというものだ。同誌は，その後月刊誌，季刊誌とその姿を変え，現在も刊行が続く。背景にあるのは父親の生き方の変化である。すなわち，護送船団的企業組織のなかで人間関係の調和を至上価値とした時代での生き方から，新自由主義的思潮を背景に個々人が自立した価値観のもと，クールに働き生きていく形へと変化してきたのだ。その兆しが，こうした雑誌を支える力となっている。というのは，人々が勤務先でドライに生きることを選択すれば，勢い心の拠り所としての家庭の比重が高まってくるからだ。世のお父さん族の関心は，従前の時代以上に，子どもの教育，妻との関係，老親との付き合い方，家の購入を含めた将来設計にまで及ぶ。相対的に少しでもローリスク・ハイリターンな投資を行うことが，多くの父親には至上課題となってきている。

　では，親が考える子どもの教育にとってのローリスクとは何か。1980年代頃まではマスコミに盛んに喧伝された「受験体制」という用語が，1990年代以降は「お受験」に取って代わられたことにも象徴的なように，受験の低年齢化がその一つである。いま一つは，初等教育段階からの学校選択であり，この背後には学校教育が公立学校をも含んだ形で市場原理のなかに置かれ始めた事態が現出していることである。

　お受験の場合，もちろん国公私立を問わず，行きたい学校を親子が選択し，将来のハイリターンを夢見て投資する。初等教育段階からの学校選択の場合に限ると，子どもの安全を考えての学校の風紀や，上級学校への進学の有利不利が問題とされる。何れにせよ，受験してもらえる学校や選ばれる学校は繁栄し，そうでない学校は潰れたり統廃合されたりの憂き目にあう。

　2007年度以降，選り好みしなければ大学に進学できる「大学全入時代」が到来したと言われてきたが，このことは大学も市場原理の波のなかで淘汰されていくことを意味する。聖書のマタイ伝になぞらえて言えば，「富めるものはさらに富み，貧しきものはさらに貧しく」，という二極分化が現実味を帯びてきている。学生たちにとっては，もはや「大卒」では意味が無く，社会人として羽ばたく時の自分の「商品価値」を高める必要が出てきた。自分を受け入れてくれた大学のブランド力が弱い場合などは，殊更にそうであり，それが大学生のダブルスクール現象を生むことに繋がっている。市場化の波は教育界にも浸透し，現代の学校はその大波のなかで揺れ動いているといえよう。

［腰越　滋］

第3章

教育とジェンダー

● **本章のねらい** ●

　教育，とくに学校において社会的性差であるジェンダー問題について考察することは極めて重要である。なぜならこれまで単一の価値観を子どもたちに押し付けてきた学校教育のあり方を根本から見直すことになるからだ。人権や差別，格差の問題に対してはさまざまなアプローチがあるが，性は誰しもがもつがゆえに根源的な問いになりやすい。これまでの学校における性による差別の再生産に気づき，またLGBTに代表されるマイノリティに配慮することは，多様性を認め，子ども一人ひとりを大切にする学校づくりにつながる。

第1節　ジェンダーについて学ぶ意義

1．ジェンダーとは

　本章のタイトルは「教育とジェンダー」である。本書の読者であれば，これまでの学びで「教育とは何か」についてはすでに考えたことがあるだろう。したがってここで問題になるのは「ジェンダーとは何か」である。というのは「ジェンダー」という言葉に対する誤解が後を絶たないからだ。

　誤解される，ということは「ジェンダー」という言葉が辞書や辞典での定義通りに理解されていない，ということでもある。たとえば，代表的な英和中辞典の一つ，『プログレッシブ英和中辞典［第4版］』(2003) では"gender"

第 1 節　ジェンダーについて学ぶ意義

は次のように書かれている。

Gender　1　性
　　　　2　ジェンダー：生物的な性別ではなく，男らしさ・女らしさという文化的・社会的側面から見た性

　ところが，だ。逆に「性」を和英辞典で引くとどうなるか。『プログレッシブ和英中辞典［第 3 版］』(2001) で「性」と引いても "gender" は出てこない。男女の区別としての訳語には "sex" のみが紹介されており，英和辞典と和英辞典で非対称になっている。

　「ジェンダー」というカタカナ語が用いられるようになった理由は複数あるが，一つにはこのように日本語に該当する言葉がなかったということがある。「コミュニケーション」などの同様の例をあげるとわかりやすいかもしれない。もし「ジェンダー」を漢字で表そうとすれば「社会的性差」になるが，誤解の多くはこの非対称性ゆえに "sex" が表す生物学的性差と "gender" が表す社会的性差を混同することから生じると思われる。

　また，誤解を生む要因の一つとして，日本語にはそれまでなかったのに欧米から「輸入された概念」として変化を嫌う向きもあるようだ。しかしながらたとえば，お歯黒の習慣や最近でいえば男性の長髪に見られるように，日本の歴史においても「女らしさ」「男らしさ」は変化をしており絶対的なものではない。「ドメスティック・バイオレンス (DV)」「ストーカー」のように，言葉が与えられることによって問題が焦点化されることを鑑みれば，「ジェンダー」という言葉が使われるようになったことには必然性がある。

　みなさんのなかには，大学入学前の学びのなかでこの「ジェンダー」ないしは "gender" について学んだという人もいれば，これまで聞いたことがないという人もいるだろう。学んだ場合は英語の授業だったり人権教育だったりとさまざまだろう。本章における結論じみたことを先に述べれば，「一人ひとりを大切にする教育を目指す」ことだ。教育の分野で「ジェンダー」について考えることは，これからの教育のあり方を考えることに直結する。そ

第 3 章　教育とジェンダー

れはこれまでの教育の問題点を鋭く描き出し，この先どうあるべきかの道しるべとなる。本章での学びを通して教育社会学が得意とする「教育を見る視点を変える」ことから始め，それぞれの教育実践へと向かっていってもらいたい。その時には，本章を参考にジェンダー以外のさまざまな人権に関わる事柄から取り組み始めることも，もちろんあり得るだろう。

2.　文化としてのジェンダー

　ジェンダーは「社会的性差」であると述べたが，もう少し説明すれば，ジェンダーは文化の一形態である。何をもって「女らしい」「男らしい」と思うかは文化によって異なる。たとえば，アフリカのガーナなどの一部地域で女子には産まれてすぐに耳にピアスの穴を開ける，という風習があり，この地域の人々にとってなによりもピアスが「女らしさ」ということになる。
　各地域の風習はその風習をもたない他の地域からの非難を浴びやすい。たとえば，これだけ世界で日本食の理解が進んでもなお刺身については「生の魚を食べるなんて野蛮だ」と拒否感を示す外国人は少なくない。刺身を美味しいと感じる身には「なんと理解がないんだろう」ということになる。したがって，他の文化への寛容性や許容性は極めて大切であるし，異文化への理解がなければ自国への文化への理解もない。
　ピアスも同様で，衛生上の問題はあるが，その問題さえ解決できるのであればこの風習に対して他の文化から非難されるいわれはない。女子割礼のように身体的保護や女性差別の観点からたとえ異文化からであっても批判される風習もあるが，基本は「他者受容」が重要となる。
　ジェンダーについても同じである。「自分にとって当たり前」は他の人にとっては当たり前ではないかもしれない。自分の当たり前を他者に押しつけるのではなく，自分とは違う当たり前を認めていくこと。そしてそのような生き方や態度を養っていくことが，ジェンダーに関する教育に求められる。

3.　子育てとジェンダー

　教育におけるジェンダーの分野でまず取り上げるべきは子育てである。有

名な「ベビーX」実験では，いかに大人たちが自分の思い込みで乳幼児を「男らしく」「女らしく」扱っているかを暴き出した。つまり大人たちは「子どもの個性が大切」と言いながら，実際には自分自身が用いている性別カテゴリーをもとに子どもたちを扱っているのである。

育児雑誌の一つ『Baby-mo』2006年11月号では「何が違う？どう育てる？「男の子」「女の子」の不思議」と題した特集が組まれた。ここでは小児科医や心理学者が登場しながら「先天的な男女差は，実はあまりない！」「みんなが思う男女の違いはおもに後天的につくられている！」と結論づけた。この雑誌の出版社はもともと専業主婦向けの雑誌から出発しているが，そのような出版社による育児雑誌においてですら，現代では「男の子らしく」「女の子らしく」よりも「その子らしさ」を伸ばすことの重要性が強調されているのである。

逆に言えばそれほど現代にあって「男は働き，女は家事」に代表される固定的性別役割分業観の弊害が目立ってきているといえる。世界経済フォーラムによる2014年版世界ジェンダーギャップ報告によれば，男女平等の指標が日本は調査対象となった142カ国中104位であり，しかも年々順位が低下している。経済関係の団体によるものゆえ，日本が世界第3位の経済大国であることからすればまさに信じがたい「ギャップ」であり，喫緊の対応が求められている。そのことがたとえばこのような一般の育児雑誌にあらわれてきているのだとすれば，子育てにおけるジェンダー平等は非常に重要である。

第2節　学校が抱える理想と現実

1. 学校がもつ二面性

最初に「教育とは何か」についてはすでに考えたことがあるだろうと述べた。ここでは教育社会学での基本に立ち返る。教育とは「社会化」である，ということだ。したがって古今東西に共通する教育の理念というものはない。何が教育に望まれるかはその社会によって変化する。そして今の教育を最も

第3章　教育とジェンダー

特徴づける「学校」という存在は，近代に誕生したものである。その学校が作られた理由としては対立する大きな二つの理由があったといえる。

　一つは国民としての意識づけである。日本で言えば，富国強兵，殖産興業の礎として学校教育の制度は成立し，強化されてきた。この点についてジェンダーの視点から一言で振り返ると，学校は子どもたちに兵隊となる男子と銃後を支える女子という役割を植え付ける場，ということになる。そこでは男子は「より強くあること」（そうでなければ「女々しい」と蔑まれる），女子は兵隊を「産む性」であることが強調される。そのなかで子どもたちは個性よりも「学校が要求すること」に従うことが求められ，「大人の言うことをおとなしく聞く子」＝「いい子」という図式が成立する。

　他方で学校制度の成立には全く別の願いもこめられていた。日本で言えば明治5（1872）年，最初の学校制度である学制発布の際の「学事奨励ニ関スル被仰出書」である。「必ず邑(ムラ)に不学の戸(コ)なく家に不学の人なからしめん事を期す」という有名な一文は，学ぶことによって人々の間に存在する不平等や差別が解消されていくという考え方を如実に表している。江戸時代における士農工商に代表される身分制度ではなく，学校で学ぶことで一人ひとりがもつ実力・能力を発揮することが社会の活力につながると期待されたのだ。これは当時はともかく現代におけるジェンダーの視点からすれば，男性だから女性だからというわけではなく，個人がもつ個性や能力を伸ばすことが個人の幸せと社会発展に寄与するということにつながる。

　もう一点，学制発布からおよそ150年，日本は世界で最も人々がいわゆる「読み書きそろばん」ができる国となった。その現代であってもこの「学ぶことで差別を解消する」という考え方は極めて重要だ。

　ジェンダーに関連する分野であれば性教育を例にあげることができる。HIV／エイズの対策についてはなにより「教育こそが最も有効なワクチン」と言われてきた。HIVというウイルスやエイズという疾患に関する誤解や偏見などを解消するには正しい知識を教わること，そして科学的見地からの予防が感染拡大を食い止める最大の武器となるからである。

　これを子どもたちに一斉に教えることができるのは学校をおいて他にない。

第 2 節　学校が抱える理想と現実

学校は一方で子どもたちをその社会における枠にはめるが，もう一方で子どもたちの「生まれ」に左右されない人生を送るきっかけ作りという二面性をもつのである。

2. ジェンダー再生産装置としての学校と隠れたカリキュラム

ここでは二面性の負の側面について，さらに二つの問題点をとりあげる。一つは学校は既存のジェンダー秩序，ジェンダーによる不平等を再生産する場だ，ということだ。

学校は実のところ階層再生産の装置であると指摘したのはピエール・ブルデュー（Pierre Bourdieu）だが，この指摘は階層だけではなくジェンダーにも当てはまる。つまり性別によって進路が異なってくる問題である。

21 世紀の日本では，義務教育後の進学について高等学校については男女差はほとんどない。しかし，高等教育への進学については男女差がある。大学への進学率は男子の方が高く，一方で短大への進学はほとんど女子である。かつて「女が大学に行くと嫁の貰い手がなくなる」という表現があったが，今でもその残存が垣間見える。また進学の際の専攻分野についても大きな偏りがある。図 3.1 は学校基本調査における男女別に専攻分野を円グラフにしたものである。

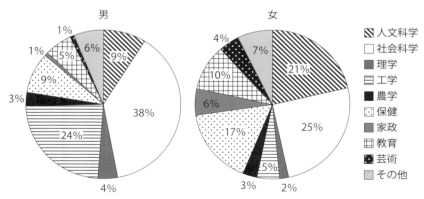

図 3.1　男女別　大学における専攻分野

（出所）文部科学省「平成 27 年度　学校基本調査」より。

日本では大学進学にあたって「文系」「理系」と分けることが多いが，人文科学や家政，教育，芸術では女子学生が多いのに対し，社会科学や理学では男子学生が多く，とくに工学では圧倒的である。このような状況にあって，教師が既存の固定的性別役割分業観に基づくような進路指導をしていないかが問われる。

　この問題を考えるにあたって鍵となるのが二つめの問題点である「隠れたカリキュラム」だ。教師たちは自らが不平等の再生産を行っているなどとは夢にも思っていない。ジェンダー研究者がインタビュー調査をすると，教師たちは口々に「男子，女子で差別などしていません」「一人ひとりを大切にしています」などと述べる。ところが「では「男子しっかりしろ」とか「女子はうるさくて」などと言ったりしませんでしたか」とたずねるとはっとした顔をする。

　20年近く前のことではあるが，男女平等教育をテーマとした人権教育に関する研究指定校の発表会において，近隣の学校の取り組みがビデオで紹介されたことがあった。ある中学校は，男女混合体育の取り組みを生徒自身が作成したというビデオを披露した。ところが，そこでインタビューしたりインタビューされたりと出てくるのは男子ばかり。ジェンダー研究者が「どうして女子が出てこないのですか」とたずねると，その中学校の教師から返ってきた答えは「元気な生徒に頼んだので…」だった。「では貴校では女子は元気がないのですか」とさらに聞くと答えに窮していた。男女平等教育に関する発表会ですら，これほどまでに教師は「隠れたカリキュラム」にとらわれてしまっている。「隠れたカリキュラム」の問題の改善には教師の不断の努力しかないといわれるが，まずはこの問題に気づくための研修などが欠かせない。

3. 女性教師

　もう一点，学校におけるジェンダーの問題の一つとして，教師のジェンダー構造がある。よく知られているように，学校段階が幼児教育から大学などの高等教育になるにつれて，女性教師の割合は下がっていく。2013年のTALIS（国際教員指導環境調査）によれば，日本の中学校における女性教師の

割合は他の国よりも低い。すなわち日本の子どもたちの目からすれば，他の国よりも中学校へ進学した際に女性教師の割合が目に見えて減る，ということである。

　さらには校長などの学校管理職の割合の問題がある。日本では1999年に男女共同参画社会基本法が制定され，内閣に設置された男女共同参画推進本部が2003年に「女性のチャレンジ支援策の推進について」を決定した。そこで「2020年までに，指導的地位に女性が占める割合が，少なくとも30％程度になるよう期待する」とされた。しかしながら2013年の学校基本調査からは全国の小学校，中学校，高等学校，中等教育学校，特別支援教育学校の校長／副校長／教頭への登用率は14.5％に過ぎない。都道府県によっては小学校で30％を超えている場合もあるが，もともと全国平均で小学校の教員の女性割合が60％を超えていることからすれば，明らかに学校において女性は男性よりも管理職になりにくい現状があり，改善が求められる。

第3節　学校の活動を再点検する

1．個人的経験

　これまで見てきたように，ジェンダーについてもこれまでの学校の学びの再点検が欠かせない。そこでまずは個人的経験を例として話してみよう。

　筆者が自己紹介する際に「専門分野は教育社会学，とくに教員養成とジェンダーです」と話すと，未だに珍しがられることが多い。「男性なのになぜ？」（しかも異性愛者で法律婚をしている人が！）という具合である。差別の問題は差別される側だけが取り組んでいては決して解消されるものではなく，差別している側が動くことが重要なはずで，それは人種差別や民族差別，身分差別などでも共通することだ。

　しかし人は誰しも性ということが基本的なアイデンティティに含まれるため，日々の生活で差別の問題が身近でない場合にいきなり目の前に「ジェンダーの問題に取り組む男性」に出会うと戸惑ってしまうようだ。「日本は先

進国の中で自殺率がワースト2で，とくに中高年男性の自殺が多いことが問題で，それを減らすには「男性の生きづらさ」の問題に取り組むことも必要ですよ」と答えるとほぼ例外なく「なるほど」という顔をされる。つまり，ジェンダーの問題の改善は女性だけではなく男性の生きやすさ，幸せにもつながるということに気づいていない人が多い，ということでもある。

　そんな筆者にとって今のジェンダー研究につながる最初のきっかけは，高校生の時に吹奏楽部に入ったことだった。中学生の時は運動部だったので全くの初心者だったのだが，3年生たちはすでに引退しており，先輩は2年生しかおらず，たまたまながらこの学年21名が全員女子だった。初心者に対して素晴らしい指導をしてくれた先輩たちだったにもかかわらず，ある時クラスで「よく女の命令なんて聞いていられるな」と言われた。それまでは筆者も世の中の固定的性別役割分業観にどっぷり浸って育ってきたのだが，この時に「能力に男女差はないのではないか」と思い始めた。さらには吹奏楽部にとって年間スケジュールで最も重要なことの一つはコンクールだ。筆者の高校も含め地区代表になったのはすべて「男女にかかわらずリーダーシップがある部員を部長，音楽性が高い部員を学生指揮者」に選んだ高校だった。中学生の時から吹奏楽部だった部員を通して他校との交流が盛んな地区だったためにわかったことだが，共学であれば吹奏楽部は圧倒的に男子が少ないにもかかわらず「男子だから部長，指揮者」を選んだ高校は一つも地区代表には選ばれなかった。この経験によって「男女差はなく個人差だ」という思いが確信になった。その後，大学生の頃の経験，とくにボランティアの経験などが現在のジェンダー研究の根っことなっている。たとえば「部長，生徒会長など"長"とつくのは男子」といった固定観念を疑うきっかけが重要ということであり，そういった「しかけ」を学校としてどれだけ用意できるか，がこれからの学校に問われる。

2.　LGBTおよび性分化疾患に対応する学校

　ここ数年において，ジェンダーに関連する分野で急速に取り組みが進んできているのはLGBTといわれる性的マイノリティに対する配慮である。

第3節　学校の活動を再点検する

　LGBTはそれぞれL＝レズビアン，G＝ゲイ，B＝バイセクシュアル，T＝トランスジェンダーの頭文字を合わせたもので，性的マイノリティとしては他にもいくつか種類が存在する。

　なかでも10年来の取り組みが行われてきたのは性同一性障害の児童・生徒への対応だ。性同一性障害については，2003年に「性同一性障害の性別の取扱いの特例に関する法律」が成立し，その後人気ドラマで取り上げられたりしたため，日本でも以前に比べれば理解が進んだ。近年では当事者たちから「病気ではない」として「性別異和」という表現も使われている。

　文部科学省は，2010年4月に「事務連絡」として性同一性障害のある児童・生徒の立場に立った教育相談を徹底するよう通知を出した。そこでは学級担任，管理職，養護教諭，スクールカウンセラーなどの教職員等が協力して児童・生徒の心情に十分配慮することを求めている。また小学1年の男子児童が入学後に性同一性障害の診断を受け，2年の2学期から「女の子として受け入れ」ることを教育委員会が決定し，「特段の問題は生じていない」という事例も紹介した。

　さらに2014年6月には「学校における性同一性障害に係る対応に関する状況調査」を発表し，全国の学校で把握している事例をまとめるとともに，個別事例の紹介も行った。そのうえで2015年4月には「性同一性障害に係る児童生徒に対するきめ細かな対応の実施等について」という通知を出した。

　ここでは性同一性障害から一歩踏み出し「性的マイノリティ」と表現するとともに，2012年閣議決定の「自殺総合対策大綱」に基づき教職員に正しい理解を促進することが必要とされた。この通知では先の調査を参考に支援の事例を表にまとめて紹介しているので，ここに引用しよう（**表3.1**）。

　ただ，このような形で性的マイノリティへの理解が学校で進んでもまだまだ途上ではある。通知が指摘するとおり，まずは教師への理解が欠かせない。この通知の報道では学校の職員室で「オカマ」「おねえキャラ」など理解がない発言が相次いでいる例が紹介されている（『朝日新聞』2015年4月30日付）。

　そのうえ，性分化疾患についてはまだほとんど手探りの状態にある。性分化疾患とは一つの疾患名のことではなく，身体的性に関するさまざまな疾患

表3.1　性同一性障害に係る児童生徒に対する学校における支援の事例

項目	学校における支援の事例
服装	・自認する性別の制服・衣服や，体操着の着用を認める。
髪型	・標準より長い髪型を一定の範囲で認める（戸籍上男性）。
更衣室	・保健室・多目的トイレ等の利用を認める。
トイレ	・職員トイレ・多目的トイレの利用を認める。
呼称の工夫	・校内文書（通知表を含む。）を児童生徒が希望する呼称で記す。 ・自認する性別として名簿上扱う。
授業	・体育又は保健体育において別メニューを設定する。
水泳	・上半身が隠れる水着の着用を認める（戸籍上男性）。 ・補習として別日に実施，またはレポート提出で代替する。
運動部の活動	・自認する性別に係る活動への参加を認める。
修学旅行等	・1人部屋の使用を認める。入浴時間をずらす。

の総称で，性同一性障害とは異なり，以前は日本では半陰陽などとよばれていた。比較的知られているのは5α還元酵素欠損症で，XY染色体を持つが出生時に外性器から女性と判断されて育つことが多い。他にXXY染色体のクラインフェルター症候群，X染色体が一本少ないターナー症候群などがある。たとえば5α還元酵素欠損症は第二次性徴で男性化するが，そうなる前に対応した学校の事例が新聞で紹介されたこともある（『毎日新聞』2011年10月17日付）。

このように性的マイノリティに対し学校が対応の体制を整えていくことが，ひいては一人ひとりに対応した学校づくりにつながっていくのは間違いない。そこでは制服や特別活動など，これまでの学校が「当たり前」としてきたことが疑われ，一つひとつ見直しが進んでいくことになる。近代に生まれた学校が，多様性を認め育んでいく，現代に合わせた学校に変わっていく，大きなチャンスとなるのである。

第4節　ジェンダー平等を目指す学校

1. ジェンダーを軸に学校を見つめ直す

　これまで見てきたように，ジェンダーの視点から学校教育を見つめ直すことは，これまでの「当たり前」を疑い，子ども一人ひとりの個性が認められ，多様性が育まれる学校を目指していくことになる。

　本章で大きく扱うことはできなかったが，学校におけるジェンダーの問題は他にも多々存在する。すでにとりあげた進路の問題では大学進学以前に高等学校での文理選択の問題や，小学校では理科の好き嫌いに男女差がないのに中学校に入ると女子の方が理科で高得点をあげることに男子ほどに教師や親からの期待がない，といった問題などがある。他にも伝統的に取り組んできた問題としては男女混合名簿への取り組みや部活動におけるマネージャー問題，生徒会の役職の問題などがある。筆者が担当する講義で学生たちに生徒会長などの「長」に男子を副会長などに「副」に女子を選ぶ傾向があったかどうか聞いたところ，「あった」と答えた学生はまだまだ多かった。

　また学校におけるセクシャルハラスメントについてもまだまだ後を絶たない。セクシャルハラスメントについては教師―生徒間や教師間どうし，生徒間どうしだけでなく，教育実習生に対するハラスメントという問題もある。近年ではデートDV対策を総合的な学習の時間で実施する中学校や高等学校もある。

　教科書における固定的性別役割分業観のチェックは根づいているが，副読本などのとくにイラストなどについてはまだまだチェックが徹底していない場合も散見される。後期中等教育である高等学校を中心とした中等教育における男女別学については，学力向上の面から肯定する論も多いが，ここでは思春期に育まれるべきは学力だけではないということだけ指摘しておく。このように一度ジェンダーに敏感になれば，学校におけるさまざまな活動に潜む問題点に気づくようになる。

2. ジェンダーに敏感な教師の養成，研修

となると重要になってくるのが，ジェンダーに敏感な教師の養成とすでに現職にある教師への研修である。

教員養成については各大学の取り組みに委ねてしまっているのが現状といえる。ジェンダーに限らずさまざまな人権に関する問題，また人権に大きく関わる特別支援教育についても教職に関する科目としては必修化されていない。それだけに各科目ごとにジェンダーに敏感な教師を養成する視点を取り入れていく必要がある。

現職の教師に対しては「隠れたカリキュラム」に対する研修やLGBTに対する理解などについてはすでに指摘した通りだが，それだけではなく，生活者としての側面も見逃さないようにしたい。イクメンや弁当男子という言葉があるが，裏を返せば育児をしたりお弁当を作る男性がまだまだ珍しいということである。教師のプライベートにおいても育児や家事，それに介護を女性だけに押しつけていないかどうか自らを振り返ってみる必要がある。とくに教師にとって30代から40代前半はその後のキャリア形成に大きな影響を与えるが，一方でこの時期は育児に手がかかる時期でもある。管理職に女性が少ない問題は指摘したが，それはこの時期に女性だけに家事育児を押しつけている結果という面も指摘されるからだ。教育委員会が研修を実施するにあたっても，たとえば女性が参加しにくくなってないか，などの点検が求められる。

日本は同質性が強い文化といわれる。それだけに21世紀のグローバルな時代において，多様性を認め合うきっかけとなるジェンダーに敏感な教師となることは，子どもたちの未来に大きく貢献することになるだろう。一方でSNSなどから「KY（ケーワイ）」などとむしろ同質性を強化させてしまっている日本の子どもたちの現状を見るとき，ジェンダーに敏感になることを学んだうえでこれから教壇に立つ若者には，大きな期待が寄せられているのである。

［池上　徹］

● **考えてみよう!**

- ▶ これまでの学校生活のなかで,固定的性別役割分業観に基づくどのような指導や慣習があったか,たとえば出席簿や席順,色分けなど学校段階ごとに振り返ってみよう。そしてそれらの改善のために必要なことを考えてみよう。
- ▶ 性的マイノリティの児童・生徒にとって,学校生活でどのような「生きづらさ」があるか,とくに義務教育の中学校で,制服,トイレ,体育祭や部活動などの身体にかかわるもの,修学旅行などの宿泊行事を例に考えてみよう。
- ▶ なぜ日本では「ジェンダー」という言葉が日本で誤解され,また世界経済フォーラムでの例年のジェンダーギャップ報告で日本が100位以下と低迷しているのか,考えてみよう。

● **引用・参考文献**

河野銀子・藤田由美子編著 (2014)『教育社会とジェンダー』学文社
河野銀子・村松泰子編著 (2011)『高校の「女性」校長が少ないのはなぜか―都道府県別分析と女性校長インタビューから探る』学文社
河上婦志子 (2015)『二十世紀の女性教師―周辺化圧力に抗して』御茶の水書房
木村育恵 (2014)『学校社会の中のジェンダー―教師たちのエスノメソドロジー』東京学芸大学出版会
村松泰子編著 (2005)『理科離れしているのは誰か』日本評論社

第4章

「受験体制」の生成と変容
― 「お受験」から「テスト体制」へ ―

●本章のねらい●

　学校教育に期待される役割には，大別して人格形成と技能形成がある。前者に内包されていた試行錯誤のマージンは，「受験体制」の昂進によって縮小へと導かれた。「受験体制」は，能力主義と平等主義という一見背反するイデオロギーの相克から派生している。本章では，「受験体制」をキーワードに，能力証明をめぐるシステム化の過程について考察し，ポスト「受験体制」の焦点を析出する。

　　"もうじき学校が始まって，そしたら行かなきゃなんねえ―そんなの俺我慢する気ないぜ，トム。いいかいトム，金持ちなんて世間で言うようないもんじゃねえって。くよくよ気苦労するばっかり，だらだら汗かいてばっかりで，ああもうこんなんだったら死んじまいたいって思ってばかりさ。(中略)トム，あの金さえなけりゃこんな七面倒臭いことにもならなかったんだよ。"
　　　　　　(M. トウェイン，柴田元幸訳『トム・ソーヤーの冒険』新潮文庫, p.381)

第1節　「学校化」と「受験体制」

　受験勉強，すなわち受験に特化した準備学習に対し，主要な関与が一定の期間，集中的に向けられる様態をさす言葉として，「受験体制」が今なお巷

第1節 「学校化」と「受験体制」

間で使われることがある。20年以上前になるが，教育関係の学協会においても，「受験体制」という言葉が頻出した時期があった。山村賢明は，「受験体制」をマス・メディアによる造語であろうとしながら，「より有利な学校への進学を目指して，子どもたちの生活が全体として，受験のための勉強を中心にして早くから組織化され，体制化される事態」を含意するものととらえ直している（山村 1989: 8）。辞典にこそ登載されていないが，山村があえて「受験体制」に注目した理由は，子どもの生活にアプローチする手法として，また，学歴社会の日本的特質を理解する手法として，有効性が高いと考えたからであった。

「受験体制」が世間の耳目を集め，その後忘れ去られた背景には，社会的な通念に生じた子どもの生活や学歴社会の没歴史化が深く関係している。フランスの歴史学者フィリップ・アリエス（Philippe Aries）によれば，中世ヨーロッパの下層階級において，7歳ほどで子どもは大人と一緒にされ，日々の仕事や遊戯を共有していた（Ariès 1960＝1980: 384）。17世紀末以降には，改革者による道徳化を通して，子どもを大人から分離し，学校へと閉じ込める「学校化」の過程を辿った（同上: 2, 3）。近代的学校制度を定めた学制（明治5年8月2日太政官第214号）が発布されて間もない明治初頭の日本においても，大多数の子どもは労働を免除されず，家業の手伝いや農業に従事していたとされる（深谷 1996: 67-70）。

今日の国際社会では，大学進学率が50％以上となっている国は少なくない。北欧諸国やオーストラリアでは70％を超えている。日本は50％未満で停滞していることから，大学進学率が目立って高い社会ではないが，教育を社会の基軸として大衆にそれを与えることを是とし，能力主義的な選抜が標準化され，大衆文化に染まったエリートが選抜される「大衆教育社会」（苅谷 1995: 12-24）といった特徴をもつ。また，教育に対する最終的な責任が家族へと不可避的に帰せられ，大正期の新中間層に起源のある「教育する家族」（広田 1999: 180-182）が現代の家族に広がることとなった。文部科学大臣の諮問機関である中央教育審議会（第15期）においても，社会性や自立性などを獲得するマージン（ゆとり）が失われている子どもの生活が問われ，学習

内容や授業時数を削減した学習指導要領が2002（平成14）年度から施行された。この改正は「ゆとり教育」と呼ばれ，後に学力の低下を招くとして強い批判を浴び，第一次安倍内閣の主導により，内閣府に設置された教育再生会議が学習内容，授業時数の増加を提言し，2008年に学習指導要領が改正されている。

　この間，OECD生徒の学習到達度調査（PISA）を嚆矢として，欧米の教育政策に新自由主義が浸透し，アメリカ，ブラジル，ドイツ，フィンランド，オーストラリア，スコットランド，イングランドでは，学力テストなどの結果を経由した行政統制が行われている（志水・鈴木編 2012: 236-240）。日本では，2003年の順位が大幅に下降したことが「PISAショック」としてしばしばセンセーショナルに報じられた。2007（平成19）年以降，「全国学力・学習状況調査」がほぼ毎年実施されており，調査の結果を利用した「学力向上」が教育行政の重点的な施策となっている。

　イギリスの社会学者ロナルド・P・ドーア（Ronald Philip Dore）は，あらゆる社会の学校教育が単なる「学歴稼ぎ」に堕した「学歴病」を患っていると評した（Dore 1976 = 1990: xi）。また，近代化の始まりが遅い社会ほど，学歴主義的な選別がより広範囲に行われ，学歴インフレが進行し，受験に特化した教育に傾斜する「後発効果」が現れるとする命題を提示している（同上: 132）。社会の「学校化」も，病理的な現象であるかどうかは別として，先進諸国を中心に昂進してきた共通の潮流となっている。

　ただし，E・I・ホッパー（E. I. Hopper）が産業社会における教育システムの理解に努めるべく選抜過程の構造を類型化したように（Hopper 1968 = 1980: 3），「学校化」を支える教育選抜の制度的な諸条件には，選抜を正統化するイデオロギーによる差異がある。「受験体制」もまた，社会が「学校化」していく過程で生じる選抜の正統化イデオロギー，学校や家族の変容，市場経済社会の発展との相関物にほかならず，そこには日本的な特徴が現出している。本章では，日本社会において「受験体制」が成立する過程を，教育選抜の歴史的・社会的な変遷に注目しながら改めて素描し，今日的な「受験体制」をめぐる課題について検討したい。

第2節　近代官僚主義による教育選抜の合理化

　「受験体制」が本格的に構築されるには，教育が社会的な地位に結び付くだけでなく，「受験のための勉強」の要件が予期できなければならない。「受験のための勉強」は，産業社会における職業的地位の配分に学歴が利用され，選抜の媒体と方法が可視的になることで合理化し，競争的な性格を色濃くする。仮に，学歴が籤引きによって全くランダムに決まるならば，試験もなければ競争も起こりえない。

1.「教育する家族」と「お受験」

　身分や家柄に拠らない業績本位の官僚任用制度は，中国の「科挙」をその起源とするが，高級官僚のほぼすべてに競争的な任用試験を課し，大学を「国家の大学」に位置づけ，行政学などの官僚養成を目的とする専門教育の整備に努めたのは18世紀はじめのプロイセンであった（天野 2006: 73-85）。日本においては，明治政府が1872（明治5）年に公布した「学制」により，大学は高尚な諸学を授ける専門科の学校とされ，学科として理学・化学・法学・医学・数理学（後，理学・文学・法学・医学に訂正）が置かれることとなった（文部省 1972: 219）。また，「生徒及試業ノ事」において，等級試験を経て進級すること，卒業に際して大試験を実施することが規定されている（同上: 132）。さらに，「学制」の趣旨を記した「学事奨励ニ関スル被仰出書」は，福沢諭吉の『学問ノスゝメ』，サミュエル・スマイルズの『西国立志編』と併せて，身分相応であることを重んじる「分限思想」から人々を解放し，士族や豪農の子弟を中心に「立身出世」を焚きつけた（竹内 2005: 11-34）。

　明治初期の学監モルレーは，試験を生徒に利する選抜の手段としてのみならず，教授を奨励し，教育の質を担保する手段としていた（天野 2006: 144）。競争的な試験制度が，マクロな政策レベルで能力主義のイデオロギーを普及させる重要な役割を担ったのは疑いない。しかしながら，教育や教育が輩出する人材をめぐる需給バランスが変化し，ミクロな個人レベルでの「受験の

ための勉強」はゼロ・サム的なものに変質し，私利私欲に収まらない公的意義が後退していく（竹内 2005: 37）。1877（明治 10）年から 1900 年代初頭まで発行され，よく読まれた投稿雑誌（読者からの作文を集めて編集したもの）に『穎才新誌』がある。歴史学者 E・H・キンモンス（E. H. Kinmonth）は，『穎才新誌』に投稿された作文について，若者の共同体志向がせいぜい「故郷に錦を飾る」という考えに限定され，獲得した「富貴」に社会的責任が伴われる点には無関心であったと分析している（Kinmonth 1981 = 1995: 63-77）。

　マクロ・レベルの属性主義から能力主義への転換は，ミクロ・レベルにおいて私的利害を超えた新しい公共性への関心を醸成することなく，若者を「立身出世」へと煽り立てた。子の「立身出世」を促す家族は，没落した家名挽回の希望に駆られて明治期に現れていたが，1910 年代には受験生本人ではなく，親向けの学習・受験指導といったジャンルの本が登場してくる（広田 1999: 50-55）。大正期に入り，1923（大正 12）年に関東大震災が発生すると，東京の山の手で厚みを増しつつあったホワイトカラー層が優位性を獲得するに至った（竹内 2005: 176-184）。かくして都市新中間層の間に，「教育する家族」を誕生させる素地が整ったが，出産と育児の担い手である母親は家制度において低い地位に甘んじていた。「教育する家族」の底流にある心性は，家制度や共同体を諸悪の根源とし，子どもの純真さや無垢を賛美する「童心主義」と，「人並み以上」という教育アスピレーション（野心）の混成体でしかなかったのである（沢山 1990: 118-128）。

　「童心主義」と「人並み以上」が混淆する心性に，私立小学校が受け皿を与えることで，1990 年代にマス・メディアを通して広く注目され，小学校受験の代名詞となった「お受験」の雛型が成立する。「お受験」は，「より有利な学校」に向けた受験指導が組織化され，体制化した社会現象である点で，「受験体制」の諸条件に符合する。小針誠は，進歩主義的・自由主義的な私立小学校が淘汰される一方，慶應義塾幼稚舎，成蹊小学校，東洋英和女学校小学科のような，上級学校を併設し，試験による考査なしに内部進学できる私立小学校が「お受験」の誘因であり，学校存廃の分水嶺となったとしている（小針 2009: 19-23, 262）。

第2節　近代官僚主義による教育選抜の合理化

　併設の上級学校への内部進学を前提とする学校は，俗に「エスカレーター校」と呼ばれ，今日の欧米諸国にはみられない，日本社会に固有の形態をなしている（天野　1992: 84）。

　R・H・ターナー（R. H. Turner）は，エリートの地位配分，社会階層間の移動過程を規制する慣行的規範がイギリスとアメリカで異なる点に注目し，前者の理念型を既成エリートがエリート候補を選ぶ「庇護移動」，後者の理念型を地位が競争的に獲得される「競争移動」であるとした（Turner 1961＝1963: 64）。

　イギリスには，各界にエリートを輩出し，J・ヒルトンの小説『チップス先生さようなら』（新潮文庫）で知られる名門私立学校群がある。これらは「パブリック・スクール」と呼ばれ，オックスフォード大学やケンブリッジ大学への入学者寡占状態を呈していたが，オックスブリッジの特定コレッジ（college）とのネットワークが不公平であるとして批判されるようになり，1980年代中葉には，そうしたネットワークがもたらす特典は完全に廃止された（竹内　1993: 137-141）。

　日本の「エスカレーター校」は，「庇護移動」に通じる地位配分の慣行を，階級社会とされるイギリス以上に色濃く残している。島田克美（2010: 344-347）によると，1991（平成3）年に生じた日本経済のバブル崩壊後，政府によって長期安定的な関係が否定され，企業間の「系列」は，日本市場の閉鎖性の現れであるといった批判的な意見が相次いだ。だが，戦後日本の教育政策論議からは，1991（平成3）年に提出された中央教育審議会の第29回答申「新しい時代に対応する教育の諸制度の改革について」のなかで，入学試験の回避が「競争の低年齢化」を招くとする，「エスカレーター校」への非常に迂遠な論究がみられるにすぎない。戦前においても，私立小学校や官府立師範学校の附属小学校の入学選抜考査は，中等学校とは違って都市の新中間層の問題でしかなく，入試改革論議へと発展することもなかったとされる（小針　2009: 231-233）。

　ロバート・J・ハヴィガースト（R. J. Harvighurst）は，社会的地位に対する教育資格の効用について，技能や知識を習得し，職業的地位を達成する「機

能的な価値」と，社会的地位を表わすシンボルとして使われる「象徴的な価値」に区別している（Harvighurst 1961＝1963: 115-117）。私立小学校から内部進学できる併設上級学校は，当然ではあるが私立大学である。帝国大学が高級官僚，専門的職業人，企業の経営層を輩出する「機能的な価値」を付与されたエリート型の高等教育機関であったのに対し，私立大学は経営基盤を授業料収入に依存するために門戸を開かねばならず，「民衆的性格」を余儀なくされた（天野 1996: 68-79）。1899（明治 32）年に発令された「私立学校令」や 1907（明治 40）年に改正された「小学校令」では，義務教育を修めずに私立学校に入学することが禁じられ，入学する場合，市町村長の許可が必要であった（小針 2009: 7-9）。

R・マーフィー（R. Murphy）は，資格が特定の集団による技能の証明とその価値の宣伝に成功する社会的な文脈と権力構造に依存し，排除的な特権を保護ないし強化するばかりでなく，特権を奪取するのに用いられるとした（Murphy 1988＝1994: 239-243）。都市に現れた新中間層の教育アスピレーションは，「正系」の官府立学校だけでは吸収しきれないほど膨れ上がっていた。それゆえ新中間層は，特権を奪取すべく，上級学校が「傍系」の民衆的高等教育機関でしかなかった私立小学校の「象徴的な価値」に，「童心主義」を賭けたことになる。私立小学校は，地政学的に閉ざされ，資格としての効用面でも「正系」の官府立学校に対して「傍系」の地位にあった。そのおかげで私立小学校の公平性が社会問題に発展することもなく，結果的に「庇護移動」の温存を可能にした。同時に，現代の日本を「受験体制」の確立した「大衆教育社会」へと向かわせ，私立大学が特権の奪取を果たす布石となったのである。

2. 教育の大衆化と二重規範

早稲田，慶應義塾を双璧とする私立大学は，生成期に官府立の高等教育機関と競合する過程で民衆的性格が与えられることになった。激しい競争を経て，「国公立中心主義」が動揺し，さらに 1980 年代には私立大学の「個性」が地位の差異を表示する対象となり，私学ブームがもたらされる（天野

第2節　近代官僚主義による教育選抜の合理化

1996: 290-292)。ただし、私立の「エスカレーター校」が直接的に特権の奪取に成功し、「大衆教育社会」を招来したわけではない。苅谷は、「大衆教育社会」において能力主義イデオロギーが広く浸透した理由を、選抜方法が「公平」で、標準化と画一化が徹底した状態にあると考えた（苅谷 1995: 16-21）。中村高康は、戦後ベビーブームによる18歳人口の急増が「試験地獄」を生むとして問題視され、教育拡大の圧力が昂じることで「公認」されたのが推薦入学であると主張している（中村 2011: 84-87）。

「エスカレーター校」や推薦入学は、標準化された画一的な試験を回避できるのと引き換えに、受験の自由度が制約される。これに対し、標準化・画一化した試験は、設置者や所在地が異なる複数の大学を受験するのに都合がよい。なぜならば、受験生にとって、受験する大学に応じて対策を変える必要が小さくなる点で、受験勉強に費やす時間と労力を節約でき、大学にとっては試験問題の作成に要するコストを節約できるからである。

試験のように客観的な選抜方法は、イギリスのオックスフォードやケンブリッジ、フランスのグランゼコールのような威信の高い高等教育機関によくみられるが、ハンガリーやポーランド、旧チェコスロバキアでは、労働者階級の出身者を優遇する逆差別が起きている（Halsey 1997＝2005: 523）。日本の場合、大学入試センター試験など、試験による入学者のシェアが高い大学は選抜性が高く、推薦やAOを経ている入学者は選抜制の低い大学に偏在している（中村 2011: 130-136）。また、「エスカレーター校」から同一または系列法人が運営する大学への内部進学制度が、名門私学を中心に温存されている。ただし、大学を併設する私立小学校は1999年度から2008（平成20）年度にかけて増加しているが、増加率は大学を併設しない私立小学校が上回るようになっている（望月 2011: 54）。1990年代初頭、第二次ベビーブーム世代が大学受験を迎えて以降、18歳人口は減少期に入り、推薦入学を公認する背景にあった「試験地獄」が社会問題として再浮上しにくくなっている。資格証明の自由度を特定の銘柄に早期から制約する「エスカレーター校」が「受験体制」に占める附置は、変化している可能性がある。

日本の大学では客観式の試験が支配的になる理由として、中央教育審議会

第29回答申「新しい時代に対応する教育の諸制度の改革について」(1991年)は，「点数絶対主義」を公平・公正とする一面的な観念が強固であると明言している。しかしながら，客観式の試験のみを公平・公正とする観念が，受験生の意識に厚く層を成している証拠は見当たらず，選抜方法に関する中学生や高校生の選好には，むしろ分散と対立が生じている（村山 2004: 71-73，村山 2000: 30-34）。

　ニクラス・ルーマン（Niklas Luhmann）によれば，公平・公正の観念によって決定を正しいとする信念が強固になるという古典的な「正統化」の概念は，高度すぎる目標を達成しようとするものにほかならない（Luhmann 1983＝1990: 23）。「正統化」を古典的な概念から引き離し，「決定が拘束力をもつものとして承認されること」と広く定義するなら，最終的に決定が個人に引き受けられる（引責される）ことで正統化は成り立つ（同上: 22）。客観式の試験を公平・公正な選抜方法とするかは，単純に地位の配分をめぐる信念や規範に還元できるものではなく，複雑な社会的文脈により多く依存している。

　アメリカでは，マイノリティの専門職や中間層を拡大するため，共通試験の他，個性や出身地，卒業生の子女，音楽とスポーツ，そして人種に配慮した選抜方法を政策的に発展させた。医者志望の白人青年アラン・バッキは，共通試験（MCAT）の得点に拠らない理由で不合格とされる「逆差別」を被ったとして，カリフォルニア州立大学を相手に訴訟を起こし，1978（昭和53）年に最高裁は訴えを認めている。歴史学者のアンダーソン（T. H. Anderson）によれば，バッキ訴訟は，「能力か平等か」，「点数か社会正義か」のように国家を二分し，社会的弱者への優遇政策（affirmative action）が極みに達したことを世に知らしめる一つの事例となった（Anderson 2004: 150-159）。

　アメリカにおける地位の配分原理は，日本と比較して多様化への志向性が強い。しかしながら，日本の共通試験はアメリカの共通試験 SAT に倣ったものである。第二次世界大戦後，連合国の勧告を受け，1947（昭和22）年から1954（昭和29）年まで「進学適性検査」と呼ばれる共通試験が実施された。「進学適性検査」が廃止された後，「能力開発研究所テスト」が実施されたが，6回に留まっている。腰越滋は，「進学適性検査」と「能力開発研究所テス

第 2 節　近代官僚主義による教育選抜の合理化

ト」が日本の社会的文脈に馴染まなかった理由を，「適性」の選抜に依拠した，「努力主義」と相反する性格に求めている（腰越 1993: 195-197）。これが正しいなら，練習効果が反映されやすい選抜方法であれば，「共通一次試験」や「大学入試センター試験」でなくとも「努力主義」には抵触しない。推薦入学のように，過去の努力が考慮される選抜方法が正統化されても不思議はないことになる。数土直紀は，2005（平成17）年 SSM 調査のデータを用い，地位や財を配分する原理として，努力，実績，必要性，平等のうち，最も日本人に好まれるのが「努力」であることをあげ，そのようになる理由を次のように考察している（数土 2010: 207-210）。実績本位の社会では競争相手となる他者が実績を稼ぎ，自らの実績にならない行動を控えるのが合理的となる。これに対し，集団での協調を重視する社会の場合，個人の実績より個々の努力を評価する方がよい。数土の説に従えば，「努力主義」の正体は，単なる信念や規範ではなく，相互に切磋琢磨する「協調的競争」（竹内 1988: 45-51）を理想とする日本の組織的・社会的な文脈に照らした，個人の合理的な判断に裏づけられている可能性がある。

　選抜方法の標準化と多様化は矛盾を孕んではいるが，「努力主義」という地位や財の配分原理は双方を包摂しうる。「努力主義」に媒介されて，標準化と多様化からなる，二重規範が成立する。選抜される側に選抜方法を選択する自由度が与えられていれば，選抜システムを通しての決定から生まれる失意や不満は，選抜する側から（選抜方法を）選択した自己へ向けられる。決定の正統化にとって，失意や不満は私的かつ無害なレベルに抑えられなければならない（Luhmann 1983 = 1990: 303）。日本社会では，「努力主義」と矛盾しない選抜方法を併存させることで，選抜システムから生じる失意や不満は公共的な問題から私的な選択の問題へと個別化される。私立大学の発展を牽引した「エスカレーター校」は，「大衆教育社会」がもたらした二重規範によって，国際的にも特殊性の高い制度に対する批判が公共的な問題へと発展するのを，部分的に回避している[1]。

第4章 「受験体制」の生成と変容

第3節　能力証明のパラドクス

　標準化と多様化の二重規範に基づく選抜方法を通しての決定が，個別的に引き受けられていたとしても，公共的に承認されていることを保証するものではない。竹内洋は，繰り返される選抜方法の改革に，機会の平等から生まれる失意や不満を緩衝する効用があるとし（竹内 1988: 42-51），中澤渉は，選抜方法の改革を人の行為とその結果に生じる意図せざる乖離，外的環境の変動が重なることで改革が繰り返されるとした（中澤 2007: 226-231）。

1. 選抜をめぐる不確実性

　地位や財の配分に学歴が利用される社会において，選抜方法をめぐる失意や不満は，選抜方法を通して自己に下される決定にのみ生じるものではない。他者に下された決定，すなわち誰が選抜され，誰が選抜されなかったのかに関して人々が相互作用を経て形成する集合意識も，失意や不満の淵源となる。

　OECDの『図表でみる教育（2014年版）』（明石書店）により，高等教育への投資により得られる私的収益をOECD加盟国について比較すると，図4.1のようになる。日本の男子は7.4％，女子は7.8％と女子が男子より若干大きいが，いずれもアメリカ，フランス，イギリス，ドイツなどよりも小さい。また，税収の増加や社会保障の負担軽減といった公的収益については，全般的に私的収益より小さく，日本はアメリカ，ドイツ，イギリス，フランスなどにくらべ，公的収益が大きくない（同上: 168）。

　国際比較した場合，日本は教育投資の収益性が高い社会では決してない。また，大学の私的収益率は，進学率が急上昇した1965（昭和40）年から1975（昭和50）年に減少し，1980年代以降，収益率はほぼ安定している（矢野・島 2000: 112-114）。この間，大卒労働力は増加したにもかかわらず，収益率の減少に歯止めがかかった理由としては，学歴間の賃金格差が若年層を中心にやや拡大する傾向にあったことがあげられる（玄田 1994: 142-144, 156）。

　学歴別の収益や賃金の格差は，労働市場の需要が学歴に応じて異なること

第3節 能力証明のパラドクス

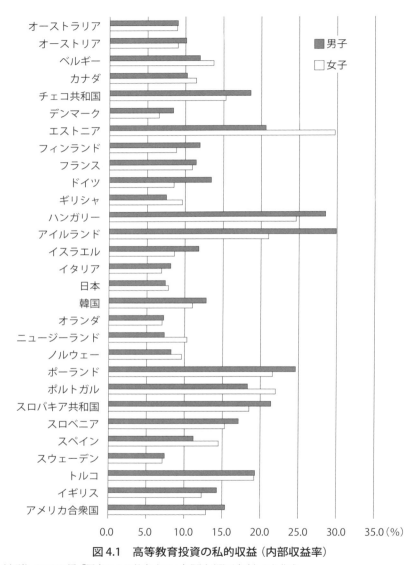

図 4.1 高等教育投資の私的収益（内部収益率）

（出所）OECD 編『図表でみる教育（2014 年版）』（明石書店）より作成。

を示唆している。だが，大卒労働者が収益や賃金に満足し，企業や経済団体の需要を満足させるとは限らない。M・スペンス（M. Spence）は，雇用者が労働者の能力をあらかじめ知らされず，不確実な状況下で雇用を決定せざるをえない場合，求職者は教育投資によって合理的に「シグナル」を獲得し，雇用者は学歴を能力の「シグナル」として合理的に雇用を決めると考えた（Spence 1973: 364-370）。スペンスの「シグナリング仮説」が前提する学歴は，あくまで能力の「シグナル」にすぎず，能力そのものではない。また，市場の均衡形態には恣意的な要素があるため，教育への過剰投資が起こりうる（*Ibid.*: 368）。「大衆教育社会」において，能力主義イデオロギーが浸透したものの，選抜システムが備える能力証明のテクノロジーは今なお不完全である。

　選抜システムから生じる失意や不満は，部分的には能力証明をめぐるテクノロジーの不完全性に由来する。ただし，失意や不満を公共的な問題に発展させることなく，あくまで私的な問題へと個別化できるかどうかは，選抜の方法にのみ負っているのではない。選抜を経て推し測られる能力をめぐる「二重の偶発性」の解決から生起する行為に，より多くを依存している。ルーマンによれば，「二重の偶発性」とは，自己にとって偶発的でしかない他者の行為が，自らの偶発的な行為に依存するとして，相互作用する当事者双方に経験されている状態をさす（Luhmann 1984＝1993: 164-166）。「二重の偶発性」はまた，当事者の行為によってしか，派生する不確実性を制御できないため，システム形成を通して行為を構造化する（同上: 170）[2]。

　学歴によって自らの能力証明を試みる大卒者は，企業から採用された場合，自らが企業でいかなる能力を発揮するかに関する偶発性について，企業がどのように予期するかという偶発性を，さらに予期しなければならない。企業が自らの学歴を高く見積もることはないと予期する求職者は，企業が用いる学歴以外の採用基準をリサーチし，逆に企業から自らの学歴を高く見積もってもらえると予期する求職者は，OB・OGが就職している企業のリサーチにより熱心であるかもしれない。OB・OGネットワークや「就活産業」，あるいは職業資格の利用は，いずれも「二重の偶発性」の解決として試みられ，

第3節　能力証明のパラドクス

予期の不確実性を逓減しようとする行為がシステム化したものである。

しかしながら，能力証明をめぐる「二重の偶発性」が行為やシステムによって消滅に至ることはない。「二重の偶発性」に伴われる不確実性を逓減する期待が安定化されるだけで，期待外れな結果に終われば失意や不満が生まれる。中村（2010: 152, 167-169）は，1980年代から1990年代初期の大卒就職においては，OB・OG訪問のような企業との人的接触が幅広くみられたが，就職支援サイトが発達した現在，就職活動の非人格化が大卒就職の不確実性を高めているとしている。

J・E・ローゼンバウム（J. E. Rosenbaum）のように，待遇の差異が能力に由来するとみる通常の考察は素朴すぎるもので，組織内の階梯構造に組み込まれた待遇の差異から能力の「シグナル」が発生する，すなわち，待遇の差異から能力が操作的に立ち上げられるとする説もある（Rosenbaum 1986: 139-141）。だが，階梯構造の上位にある者ほど能力が高いとする期待をシステム化できても，やはり競争の型だけで能力証明の「二重の偶発性」が消滅することは決してない。階梯構造の下位にある者が失意や不満を抱くばかりでなく，上位にある者も能力証明の機会から完全に逃れられるわけではない。だが，獲得された能力の「シグナル」は，職務との対応を証明しきれないまま，しばしば私的所有される。梶田孝道は，獲得された業績が固定化されて属性と化す問題を，「業績主義の属性化」と呼んだ（梶田 1981: 74-77）。

学歴主義への批判が起こるのは，能力証明をめぐる「二重の偶発性」が存在するにもかかわらず，業績主義的に獲得された学歴が能力のシグナルとみなされ，時として属性化することによる。業績原理が属性原理に優越する理由に関しては，社会科学において自覚的でない場合が多く，ややもすれば「二重の偶発性」を不問にし，能力の私的所有が前提にされる。

立岩真也によれば，私的所有が依拠しているのは，能力と選好が市場を通して生産物に価格を与え，市場がもたらす不平等を防ぐために配分システムが付加される機制である（立岩 1997: 335-358）。私的所有はまた，私有財産権を有すると同時に，所有権を他者に移転する（転売する）権利として理解されている。所有権の移転は無制限に合法化されてはいないが，しばしば臓

器や性を含む能力が他者によって私的所有され，人身売買，売春斡旋となって移転される。J・E・ローマー（J. E. Roemer）は，財を私的所有するインセンティブが再販売価格を維持することにある場合，私有財産の販売が容易であるほど公共財を維持しようとするインセンティブが低下し，効率も平等も達成できないと主張する（Roemer 1998 = 2002: 218-220）[3]。

　能力の私的所有に排除しがたい合理的な側面があるにしても，政治力の強い利益集団によって望まれる能力と，大多数の人々が望んでいる能力の間に不一致があるならば，後者の能力に対する市場の価格が低くなり，能力を育成するシステムに変化が生まれる。即戦力となる人材をより多くの報酬を支払っても雇用したい企業や経済団体にとって，能力に応じた賃金格差を拡大させると同時に，人的資本形成のコストを抑制するようインセンティブが働く[4]。日本の労働社会は，学校を卒業したばかりの新卒者を採用し，企業内の職業訓練（OJT）を経て長期雇用してきたが，バブル経済の崩壊後，多くの企業が新卒者の採用を減らし，パートタイムや臨時雇用を増加させている（OECD 2008 = 2010: 38-44）。正社員に対する企業内職業訓練の実施状況についても，1994（平成6）年以降，大幅な低下が起きている（原 2009: 65）。

　日本における「大衆教育社会」は，能力証明をめぐる「二重の偶発性」の問題に対し，不確実性を遥減する行為を「受験体制」へとシステム化することで解決しようとした。だが，「受験体制」の高度なシステム化が，教育達成に関する予測可能性を高め，実現不可能な過大な期待を自ら抑制する「自己選抜」を可能ならしめている（苅谷 1986: 106）。選抜をめぐる失意や不満の発露は，1930（昭和5）年の「学校騒動」と「同盟休校」に遡ることができ，1960年代末には「大衆としてのサラリーマン予備軍」と化した大学生による大学紛争を惹起した（竹内 1999: 318-335）。「大衆教育社会」の下で「受験体制」が広く生成されて以降，学歴エリートは「選良」としてのエリートとは別の，大衆化された「優等生」へと周流していく（苅谷 1995: 21-24）。

2．「受験体制」の慣性とエリートの周流

　フランスの社会学者ピエール・ブルデュー（Pierre Bourdieu）は，教育機会

第3節　能力証明のパラドクス

が社会階級間の言語や文化に対応して異なり，上層階級が保有する言語や文化ほど，学業での成功に変換しやすい資本として作用し，階級構造が文化的に再生産される諸関係のシステムを描いている（Bourdieu 1970＝1991: 104-109, 132）。吉川徹は，フランスと違って日本の場合，世代間にみられる言語や文化の微弱な関係が文化的再生産の過程を遮断しており，学校教育の内部で「生まれ変わり」が起こると論結している（吉川 1998: 220-222）。

　急速な工業化と柔軟な対応が要請されていた日本にとって，教育による全体的な底上げは合目的的であった（末廣 2000: 295-298）。国際社会における後発国としての地位が，階級文化ではなく，階級遍在的な「国民文化」を学校教育での成功をもたらす資本に定位させたのである（竹内 1995: 233-235）。戦前においては，軍の実用主義的な意図により，「忠義」と「服従」という「精神主義」が学校教育を通して国民を統合する国体イデオロギーとして現れた（城丸 1976: 98-101）。戦後，日本は世界有数の経済先進国に数えられるまでになった。しかしながら，1990年のバブルの崩壊を契機に，実質経済成長率がマイナスに転じ，その後も2008年にはリーマンショックに見舞われるなど，国際社会における地位に揺らぎを生んでいる。こうして生じた長期的な経済成長の低迷は，「国民文化」を協調性や同質性より個性や創造性へと転換し，より個々人の有用性に即して能力主義を強化するよう企図された「ハイパー・メリトクラシー」を招来した（本田 2005: 20-23）。

　「国民文化」の転換が起こる場合，能力証明をめぐる「二重の偶発性」が問題化し，不確実性に対処するための期待や行為を新たにシステム化する必要性が浮上する。だが，「ハイパー・メリトクラシー」とは，消滅するはずのない能力証明の「二重の偶発性」を除去しようとするパラドクスにほかならず，教育システム内部に生じる失意や不満，外部環境との緊張と相剋を回避できるかは行為のシステム化にかかってくる。

　能力証明をめぐる「二重の偶発性」に依拠して成立している「受験体制」もまた，教育システム内外に失意や不満，緊張と相剋を抱えながら存続してきた。第二次世界大戦後，学制改革によって受験競争の門戸が拡大する過程で，前項で述べた大学紛争ほどの苛烈さはなかったが，高校紛争が頻発した

時期があった。藤田武志によると，学校体系が複線型から単線型に改革されたのに加え，1940年代末には正規分布曲線に依拠した相対評価が公的に導入され，1950年代前半の東京都では，中学校においてアチーブメント・テストの準備教育が昂進していた（藤田 1999: 511-513）。小熊英二は，高校紛争以前から卒業式で「受験体制」を批判する送辞・答辞がしばしば読まれていたが，東京都が1967（昭和42）年の公立高校入試から実施した「学校群制度」が受験指導への傾斜をもたらしたために，高校紛争に火がついたとしている（小熊 2009: 29, 35, 58）。また，紛争の多くは，「勤評闘争」を経て保守化し，民主主義が形式的にしか伝達されなくなった義務教育を経験した世代が主体であったこと，警官隊の導入や退学処分が容赦なく行われことで，短期間で鎮静化した（同上：11, 71-74）。高校紛争に先駆けて発生した「勤評闘争」は，1956（昭和31）年に教育委員会が公選制から任命制に改められ，学校教諭への勤務評定が強行されたことに端を発している（国民教育研究所編 1967: 101-104）。同年，文部省が実施した全国的な学力調査をやがて愛媛県が勤務評定に利用し始め，教諭による不正行為の教唆を誘発するなどして，「学テ闘争」へと発展した（同上：101-106, 183-192）。

　政府による全国的な学力調査（以下，「全国学力調査」）は，第二次世界大戦前に徴兵検査の一環として実施された「壮丁教育調査」[5]に遡り，戦後も断続的に実施されてきた。戦後における全国学力調査の実施期間は，荒井克弘(2008: 7, 8)に倣(なら)えば三つに区分され，第1期は国立教育研究所（現・国立教育政策研究所）の「全国小・中学校児童生徒学力水準調査」などが実施された1948（昭和23）年から1954（昭和29）年，第2期は文部省による「学テ」が実施されていた1956（昭和31）年から1966（昭和41）年，第3期は「教育課程実施状況に関する総合的調査研究」が行われた1981（昭和56）年から2005（平成17）年である。2007（平成19）年からは，文部科学省の「全国学力・学習状況調査」が実施され，東日本大震災が発生した2011（平成23）年に一度中止されているものの，2012（平成24）年には再開されている[6]。

　全国的な学力調査のうち，「勤評闘争」や「学テ裁判」に発展したのは第2期のみである。戦後の第1期全国学力調査は，あくまで研究的性格の強い

第3節　能力証明のパラドクス

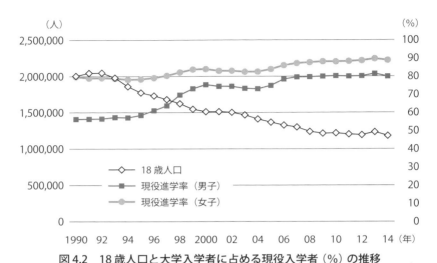

図4.2　18歳人口と大学入学者に占める現役入学者（%）の推移

（出所）文部科学省『学校基本調査』「高校卒業年別入学者数」より作成。

ものであったが，戦後新教育をめぐる学力低下論争が一連の学力調査へと繋がる素地を生んでいる（藤岡 1979: 19-24）。現在の全国学力調査への途を拓いたのも，「ゆとり教育」への懐疑に触発された学力低下論争であった（本田 2002: 111-116）。塚田守によれば，かつての学歴エリートは，浪人生活を通して単なる受験期間の延長に還元できない「哲学する私」を経験していた（塚田 1999: 165-168）。しかしながら，図4.2に示す通り，18歳人口の減少によって「受験体制」が構造的に弛緩し，とくに男子の現役入学が傾向的に目立つようになっている[7]。

　「受験体制」の弛緩は，若者が試行錯誤するマージンを回復させる可能性があったが，「ゆとり教育」は猛烈な批判を浴び，後退を余儀なくされた。「試験地獄」を社会的な背景に，標準化と多様化の二重規範に依拠するようになった「受験体制」であったが，学校教育での成功に最も変換しやすい資本は，主要教科に関する基礎学力であり続けた。「ゆとり教育」に対する批判は，主要教科の基礎学力を資本に定位させようとする慣性が引き起こした反動にすぎない。ただし，主要教科の基礎学力による慣性が強健であっても，その

ままで「ハイパー・メリトクラシー」の脅威に対抗できるわけではない。装いも新たに顕在化した「二重の偶発性」に直面し，学校教育に期待される行為を安定化する役割を果たしたのが，2007（平成19）年の全国学力調査を契機にシステム化され，蘇生した「テスト体制」であった。弛緩する「受験体制」は，「学力向上」をスローガンとした「テスト体制」を下位システムとすることで延命された。同時に，権力の維持に適した感情や本能の表現を経由してエリートの周流が起こるとしたV. パレート（Pareto 1920＝1996: 114, 250-255）の古典的な命題もまた，輿論を喚起することなく，検証を猶予されたのである[8]。

第4節　ポスト「受験体制」──「テスト体制」を超えて

　日本の学校教育において，相対的に重要な役割が与えられてきたのは，技能形成より人格形成であった。後発国である日本が先進諸国にキャッチアップするためには，平等主義的な学校教育による全体的な底上げが適していた。ただし，学業に特化した「英才教育」に限れば，全く配慮がなかったわけではない。第一次世界大戦後，高等教育志願が高揚していた1917（大正6）年に，内閣直属の諮問機関として設置された臨時教育会議は，中学校の修業年限を5カ年とする一方，高等学校高等科の入学資格を中学校第4学年修了者としている（文部省 1972: 471）。1998（平成10）年には，「飛び入学」の導入が開始されたが，日本の大学に広く浸透する兆候は認められず，2014（平成26）年時点でわずか6校が導入しているにすぎない。

　学校教育で成功を収める資本は階級文化ではなかったが，高度に自由な雰囲気での試行錯誤を通した「自己の可能性」の発見と選択は，かつてエリートの重要な発達課題とされ，詰め込み主義の教育に対して消極的であった（麻生 1991: 217）。しかしながら，学校教育が人格形成の役割をどこまで果たしたのかに関して，評価は一定しない。白倉幸男の研究では，高学歴であるほど自立的で知的に柔軟である傾向が示されているのに対し（白倉 1993: 144），

第4節　ポスト「受験体制」

　M・L・コーン（M. L. Kohn）の比較研究によれば，アメリカでは学歴と知的な柔軟性が正の関係にあるものの，日本とポーランドの場合，無関係に近い結果となっている（Kohn 2006: 42-44）。

　伝統的な進学校における文化的秩序の変容を，民族誌的に考察した黄順姫は，生徒の自主性，自律性の低下が，生徒への干渉・統制を余儀なくし，学業と経験の蓄積を通して成熟する「教養エリート」から，自己実現の手段たるべく受験準備に邁進する「専門家エリート」へと，生活指導の戦略を転換させたとしている（黄　1998: 116-121）。ここで注目すべきは，重要な役割を与えられた人格形成が受験準備の後塵を拝するようになり，生徒が試行錯誤するマージンを縮小に導いている点である。福島真人は，行為がシステム化され，事故や失敗が徐々に減ってくると，学習の可能性が逓減する「組織化と学習の逆理」を焦点とし，試行錯誤の自由度がある完成途上の性格に，可能性と利点を見出している（福島　2010: 141-155, 322）。R・K・マートンは，効率性の向上に資するはずの官僚制が，規則の遵守を絶対化し，臨機応変さの喪失による非効率をもたらす事態を，「官僚制の逆機能」と呼んだ（Merton 1949＝1961: 181-186）。学習の試行錯誤がルーティン化され，効率化されるほど，学習の濃密さと引き換えに「受験体制」が強められ，学校教育から人格形成の役割を後退させる可能性がある。

　日本の社会において，能力主義イデオロギーを浸透させ，「受験体制」を完成に近づけたのは，平等主義的な学校教育である。W・K・カミングス（W. K. Cummings）は，平等主義的な教育の発展を可能にした理由の一つに，受験競争が拡大し，激しくなる過程で利己心を露わにした親からの圧力をあげている（Cummings 1980＝1981: 136）。換言すれば，平等主義は失意や不満が教育システムに対する公共的な批判に転嫁されないよう，教育機会を均等化したものにすぎない。人を分け隔てる能力主義と，利己心に基づく競争を正統化する教育選抜のイデオロギーとして，平等主義が大きな役割を果たしたことになる。

　能力主義と平等主義を支持する感情や本能が利己的であるほど，選抜された者は公共の責任を意識しなくなっていく。選抜されなかった者もまた，利

己的な敗者でしかない以上，失意や不満を公共的な批判へ発展させる大義名分が立たない。かくして人格教育の社会的なモラトリアムを可能とする諸条件が成立するが，より本源的な理由は，能力主義や平等主義に隠れた利己心ではなく，能力証明をめぐる「二重の偶発性」にある。能力証明を要請するのが能力主義であっても，能力証明の行為がシステム化される起点にまで遡れば，「二重の偶発性」へと辿り着く。

　能力証明の「シグナル」として人格と基礎学力を比較した場合，文脈が要求するものを決定し，文脈の解読を可能にする「認知ルール」（Bernstein 1996＝2000: 59）は，前者より後者において透明性が高い。大正期に上級学校を併設していた私立小学校が存続できた事実などは，人格教育を志向する「童心主義」にくらべ，内部進学を通じた教育達成が「認知ルール」として明確であり，能力証明の「シグナル」として不確実性の縮減に成功したことを示唆している[9]。「学力向上」をスローガンとする「テスト政策」は，能力証明に不可欠な「シグナル」を効果的に提供する。また，「シグナル」となるテスト得点が，公表される単位間の関係をより競争的なものに変質させる。対外競技がしばしば白熱するように，集団間の競争は集団帰属を高める反面，群集心理を刺激する（Waller 1932＝1957: 203-206）。

　能力証明を要請する社会において，「テスト体制」には，「受験体制」の下位システムとして学習をルーティン化し，「二重の偶発性」を解決するための煩わしい試行錯誤を効率化する点で合理性がある。学校教育の外部で受験指導を請け負う私的な教育制度は，教育達成の「認知ルール」が広く共有され，能力証明の「二重の偶発性」を解決する下位システムになって初めて発展する。日本の塾以外にも，私的な教育制度は東欧や南米，アジア，アフリカにまで広く普及している（Bray 1999＝2014: 9-14）。

　能力証明をめぐる学習の過程をルーティン化する「テスト体制」は，「受験体制」の下位システムとして学習を効率化するが，空洞化した学習を再生させるものではない。危機の時代にあって，ヴァルター・ベンヤミン（Walter B. S. Benjamin）は，経験に意味や精神を見出せない人間は，「青年時代の夢」

第4節　ポスト「受験体制」

を憎む精神なき俗物であって，俗物の経験をすると批判した（Benjamin 1969
＝1981: 190-196）。試行錯誤を経験するマージンを「学校化」された社会に
回復させ，学習の濃密さをデザインする組織化は，ポスト「受験体制」に仮
託された焦点なのである。

[村山　詩帆]

● **考えてみよう！**

> ▶ 入学者選抜において，過去の学習履歴を考慮することは，努力主義に適う
> 部分がある一方，早期に学習意欲を示さなかった者が後の努力によって敗
> 者復活を成し遂げる機会を制約する。より効果的に努力を引き出す仕組みは，
> どのように設計されるべきか。
> ▶ セン（Amartya Sen）は，自己利益を最大化しようとする個人の行為によって，
> 誰もが損をする「合理的な愚か者」を演じる状況がしばしば生じることを
> 数理的に証明した。このような状況に陥るのを回避しようとする場合，い
> かなる非合理的な行動を，どう学習していく必要があるだろうか。

● **注**

1) 学校生活を学歴主義へと定位しつつ，受験競争を回避する「童心主義」は，日
本の社会で必ずしも好意的に容認されているわけではない。たとえば，「エスカ
レーター校」の出身者に対しては，試験の苦しみを経験していないことを理由に，
採用を敬遠する企業の人事担当が存在するという（橘木 2014: 133）。
2)「二重の偶発性」からいかなる行為が生起し，どのように行為がシステム形成
され，行為の構造化が起こるのかは，男女のカップリングを例に記述すると，
次のように表現される。
　恋愛関係にある男女（ヘテロ／ホモはここでは問わない）は，相手が第三者に
好意を抱くようになる偶発性をお互いに免れていない。これが「二重の偶発性」
として相互に経験され，自己と他者の不確実性を解消する試みとして，「浮気」
を禁忌するシンボル体系が共有される。ただし，倫理的なシンボル体系が共有
されてもなお，「浮気」の偶発性は残る。ここから「私のこと，好き？」といっ
たコミュニケーションが生まれるが，コミュニケーションによって不確実性を
制御できない場合，結婚や家のような社会制度が利用されることになる。

3) ローマーは，所有権を移転する無制限な権利を弱め，所有者と利用者が同一であること，私的所有でも国家所有でもない財産形態を発展させる必要性を提起している（Roemer 1998＝2002: 221）。
4) 矢野眞和（1991: 139）が社会の秩序と活力にとって，選抜より「育成」や「成長」が重要であると訴えた深層には，選抜システムの合理化にくらべ，育成システムや成長を支援するシステムの貧しさがあった。
5) 1905年から満20歳の男子を対象に徴兵検査の一環として実施され，思想統制の手段としての性格を色濃く帯びた時期がある（清川 1992: 113-115）。
6) 政治勢力の基盤であった日教組は，文部科学省や教育委員会との協調路線に転じ始め，組合離れが進行した（加野 2010: 11）。「全国学力・学習状況調査」の実施に際して，大きな反対運動が組織化されなかったのは，こうした政治勢力の弱体化と無関係ではない。
7) 文部省編『我が国の教育水準』（昭和50年度および昭和55年度）を参照すると，1960年から1966年頃に現役入学者の占める比率が上昇し，その後は下降している。
8) パレートは，感情や本能の表現を「残基」とし，「結合の本能」，「集合体の持続」，「外部的行為による感情表現の欲求」，「社会性」，「個人と所属の保全」，「性」の6つに分類している（Pareto 1920＝1996: 115-150）。
9) J. ウィッティは，イギリスの人格教育（PSE）が教科の知識を関連させてテーマ学習の機会を提供するものであったが，他の教科から分離され，正統な教科として認識されない傾向にあるとした（Whitty 2002＝2004: 56-63）。

● 引用・参考文献

天野郁夫（2006）『教育と選抜の社会史』筑摩書房
天野郁夫（1996）『日本の教育システム―構造と変動』東京大学出版会
天野郁夫（1992）『教育のいまを読む』有信堂
Anderson, T. H.（2004）*The Pursuit of Fairness: A History of Affirmative Action*, Oxford.
荒井克弘（2008）「日本の学力問題と学力調査の必要性」荒井克弘・倉元直樹編『全国学力調査日米比較研究』金子書房, pp.2-10
Ariès, P.（1960）*L'enfant et la vie familiale sous l'Ancien régime*, Plon.（＝1980, 杉山光信・杉山恵美子訳『〈子供〉の誕生―アンシァン・レジーム期の子供と家族生活』みすず書房）
麻生誠（1991）『日本の学歴エリート』玉川大学出版部
Benjamin, W.（1969）*Über Kinder, Jugent und Erziehung*, Suhrkamp Verlag, Frakfurt

am Main.（=1981，丘澤静也訳『教育としての遊び』晶文社）

Bernstein, B.（1996）*Pedagogy, Symbolic Control and Identity: Theory, Research, Critique*, London, Talor & Francis.（=2000，久富善之・長谷川裕・山﨑鎮親・小玉重夫・小澤浩明訳『〈教育〉の社会学理論―象徴統制，〈教育〉の言説，アイデンティティ』法政大学出版局）

Bourdieu, P., Passeron, J. C.（1970）*La Reproduction: elements pour une théorie du systéme d'nenseignement*, Les Editions de Minuit.（=1991，宮島喬訳『再生産―教育・社会・文化』藤原書店）

Bray, M.（1999）*The Shadow Education System: Private Tutoring and its Implications for Planners*, UNESCO.（=2014，鈴木慎一訳『ユネスコ国際教育政策叢書④―塾・受験指導の国際比較』東信堂）

Cummings, W. K.（1980）*Education and Equality in Japan*, Princeton University Press.（=1981，友田泰正訳『ニッポンの学校―観察してわかったその優秀性』サイマル出版会）

Dore, R. P.（1976）*The Diploma Disease: Education, Qualification and Development*, London: Allen & Unwin.（=1990，松居弘道訳『学歴社会―新しい文明病』岩波書店）

黄順姫（1998）『日本のエリート高校―学校文化と同窓会の社会史』世界思想社

藤岡信勝（1979）「わが国における学力論争の歴史と今日の課題」坂野登編『講座日本の学力 3-能力・学力・人格』日本標準，pp.19-50

藤田武志（1999）「受験体制の生成に関する社会学的考察-1950年代の東京における高校受験を事例として」藤田英典・佐藤学他編『教育学年報7』世織書房，pp.497-524

深谷昌志（1996）『子どもの生活史―明治から平成』黎明書房

福島真人（2010）『学習の生態学―リスク・実験・高信頼性』東京大学出版会

玄田有史（1994）「高学歴化，中高年齢化と賃金構造」石川経夫編『日本の所得と富の分配』東京大学出版会，pp.141-168

Halsey, A. H.（1997）"Trends in Access and Equity in Higher Education: Britain in International Perspective", Halsey, A. H., H. Lauder, P. Brown& A. S Wells（eds.），*Education: Culture, Ecomony, Society*, Oxford University Press, New York: 638-645.（=2005，村山詩帆訳「高等教育におけるアクセスと公正の趨勢―国際的視座の中のイギリス」住田正樹・秋永雄一・吉本圭一編訳『教育社会学―第三のソリューション』九州大学出版会：517-532）

原ひろみ（2009）「非正社員の企業内教育訓練と今後の人材育成―企業横断的な能力開発を実現するためのシステム構築を」『終身雇用という幻想を捨てよ―産業構造変化に合った雇用システムに転換を』総合研究開発機構研究報告書，pp.63-74

Harvighurst, R. J.（1961）"Education and Social Mobility' in Four Societies", Halsey,

A. H., J. Floud. and C. A. Anderson (eds.), *Education, Economy, and Society: A Reader in the Sociology of Education*, New York, The Free Press: 105-120.（＝1963，潮木守一訳「四カ国における教育と社会移動」清水義弘監訳『経済発展と教育—現代教育改革の方向』東京大学出版会，pp.104-125）

本田由紀（2005）『多元化する「能力」と日本社会—ハイパー・メリトクラシー化のなかで—』NTT出版

本田由紀（2002）「90年代におけるカリキュラムと学力」『教育社会学研究』70：105-122

広田照幸（1999）『日本人のしつけは衰退したか—「教育する家族」のゆくえ』講談社

Hopper, E. I.（1968）"A Typology for the Classification of Educational Systems," *Sociology*, 2.（＝1980，天野郁夫訳「教育システムの類型学」潮木守一・天野郁夫・藤田英典編訳『教育と社会変動—教育社会学のパラダイム展開（下）』東京大学出版会，pp.1-18）

梶田孝道（1981）「業績主義社会のなかの属性主義」『社会学評論』32（3）：70-87

加野芳正（2010）「新自由主義＝市場化の進行と教職の変容」『教育社会学研究』86：5-20

苅谷剛彦（1995）『大衆教育社会のゆくえ—学歴主義と平等神話の戦後史』中央公論社

苅谷剛彦（1986）「閉ざされた将来像—教育選抜の可視性と中学生の『自己選抜』」『教育社会学研究』41：95-109

吉川徹（1998）『階層・教育と社会意識の形成—社会意識論の磁界』ミネルヴァ書房

清川郁子（1992）「『壮丁教育調査』にみる義務教育就学の普及—近代日本におけるリテラシーと公教育制度の成立」『教育社会学研究』51：111-135

小針誠（2009）『〈お受験〉の社会史—都市新中間層と私立小学校』世織書房

Kohn, M. L.（2006）*Change and Stability: A Cross-National Analysis of Social Structure and Personality*, Paradigm Publishers.

国民教育研究所編（1967）『全書・国民教育12-勤評・学テ体制下の学校』明治図書

腰越滋（1993）「進学適性検査の廃止と日本人の階層組織化の規範」『教育社会学研究』52：178-207

Kinmonth, E. H.（1981）*The Self-Made Man in Meiji Japanese Thought: from Samurai to Salary Man*, University California Press.（＝1995，広田照幸・加藤潤・吉田文・伊藤彰浩・高橋一郎訳『立身出世の社会史—サムライからサラリーマンへ—』玉川大学出版部）

Luhmann, N.（1984）*Soziale Systeme: Grundriß einer allgemeinen Theorie*, Suhrkamp Verlag Frankfurt am Main.（＝1993，佐藤勉訳『社会システム理論（上）』恒星社厚生閣）

Luhmann, N.（1983）*Legitimation durch Verfahren*, Suhrkamp Verlag, Frankfurt am Main.（= 1990，今井弘道訳『手続を通しての正統化』風行社）

Merton, R. K.（1949）*Social Theory and Social Structure: Toward the Codification of Theory and Research*, The Free Press.（= 1961，森東吾・森好夫・金沢実・中島竜太郎訳『社会理論と社会構造』みすず書房）

望月由紀（2011）『現代日本の私立小学校受験――ペアレントクラシーに基づく教育選抜の現状』学術出版会

文部省（1972）『学制百年史』

村山詩帆（2004）「高校入学者選抜の多様化による進路決定への批判・責任問題の処理――論点の整理と分析視角の導出」日本青少年育成学会『青少年育成研究』4：67-76

村山詩帆（2000）「選抜手続をめぐる公正観の分散対立――「公平信仰社会」という論法・恣意」『東北大学教育学部研究年報』48：23-39

Murphy, R.（1988）*Social Closure: The Theory of Monopolization and Exclusion*, Oxford University Press.（= 1994，辰巳伸知訳『社会的閉鎖の理論――独占と排除の動態的構造』新曜社）

中村高康（2011）『大衆化とメリトクラシー――教育選抜をめぐる試験と推薦のパラドクス』東京大学出版会

中村高康（2010）「『OB・OG訪問とは何だったのか-90年代初期の大卒就職と現代』」苅谷剛彦・本田由紀編『大卒就職の社会学――データからみる変化』東京大学出版会，pp.151-169

中澤渉（2007）『入試改革の社会学』東洋館出版社

OECD（2008）*Jobs for Youth: Japan*, OECD Publishing.（= 2010，濱口桂一郎監訳『日本の若者と雇用――OECD若年者雇用レビュー：日本』明石書店）

小熊英二（2009）『1968（下）――叛乱の終焉とその遺産』新曜社

Pareto, V.（1920）*Compendio di Sociologia Generale*, Firenze.（= 1996，姫岡勤訳・板倉達文校訂『一般社会学提要』名古屋大学出版会）

Roemer, J. E.（1998）"The Limits of Private-property-based Egalitarianism", in Wright, E. O.（ed.）, Bowles, S. & H. Gintis, *Recasting Egalitarianism: New Rules for Communities, States and Markets*, Verso.（= 2002，遠山弘徳訳「私有財産ベースの平等主義の限界」『平等主義の政治経済学――市場・国家・コミュニティのための新たなルール』大村書店，pp.216-226）

Rosenbaum, J. E.（1986）"Institutional Career Structures and the Social Construction of Ability", In Richardson, J. G.（ed.）, *Handbook of Theory and Research for the Sociology of Education*, New York, Greenwood Press.

沢山美果子（1990）「教育家族の誕生」第1巻編集委員会編『叢書〈産む・育てる・教える――匿名の教育史〉1 〈教育〉――誕生と終焉』藤原書店，pp.108-131

島田克美（2010）『企業間関係の構造―企業手段・系列・商社』流通経済大学出版会
志水宏吉・鈴木勇編（2012）『学力政策の比較社会学（国際編）―PISAは各国に何をもたらしたか』明石書店
白倉幸男（1993）「社会階層と自立および知的柔軟性―現代日本の階層構造における地位の非一貫性とパーソナリティ」直井優・盛山和夫・間々田孝夫編『日本社会の新潮流』東京大学出版会，pp.121-153
城丸章夫（1976）「軍隊の要求と学力」国民教育研究所編『国民教育』27：86-103
Spence, M.（1973）"Job Market Signalling", *The Quarterly Journal of Economics*, 87（1）：355-374
末廣昭（2000）『キャッチアップ型工業化論―アジア経済の軌跡と展望』名古屋大学出版会
数土直紀（2010）『日本人の階層意識』講談社
竹内洋（2005）『立身出世主義―近代日本のロマンと欲望』世界思想社
竹内洋（1999）『日本の近代12-学歴貴族の栄光と挫折』中央公論新社
竹内洋（1995）『日本のメリトクラシー―構造と心性』東京大学出版会
竹内洋（1993）『パブリック・スクール―英国式受験とエリート』講談社
竹内洋（1988）『選抜社会―試験・昇進をめぐる〈加熱〉と〈冷却〉』メディアファクトリー
橘木俊詔（2014）『公立vs私立―データで読む「学力」，「お金」，「人間関係」』KKベストセラーズ
立岩真也（1997）『私的所有論』勁草書房
塚田守（1999）『浪人生のソシオロジー―一年の予備校生活』大学教育出版
Turner, R. H.（1961）"Modes of social ascent through education: sponsored and contest mobility", Halsey, A. H., J. Floud and C. A. Anderson（eds.）, *Education, Economy, and Society: A Reader in the Sociology of Education*, New York：The Free Press.（＝1963，潮木守一訳「教育による階層移動の形態」清水義弘監訳『経済発展と教育―現代教育改革の方向』東京大学出版会，pp.63-91）
Waller, W.（1932）*The Sociology of Teaching*, New York, Russel & Russel Press.（＝1957，石山脩平・橋爪貞雄訳『学校集団―その構造と指導の生態』明治図書）
Whitty, G.（2002）*Making Sense of Education Policy*, Paul Chapman Publishing Ltd., A Sage Publication Company.（＝2004，堀尾輝久・久富善之監訳『教育改革の社会学―市場，公教育，シティズンシップ―』東京大学出版会）
山村賢明（1989）「現代日本の家族と教育―受験体制の社会学に向けて」『教育社会学研究』44：5-27
矢野眞和・島一則（2000）「学歴社会の未来像―所得からみた教育と職業」近藤博之編『日本の階層システム3-戦後日本の教育社会』東京大学出版会，pp.105-126
矢野眞和（1991）『試験の時代の終焉』有信堂高文社

● COLUMN ●

▶ 能力主義の合理性と差別

　教育を通して労働者の限界生産性が高まるとする人的資本論に対し，文化的な嗜好性を資本として社会階層上の地位が相続されるとみる文化的再生産論においては，地位達成を有利にする理由は限界生産性ではない。他方，ヘアンスティンとマレー（Richard J. Herrnstein & Charles Murray）の『ベル・カーブ』は，知的能力の尺度である IQ には遺伝によって決まる部分があり，これが地位の再生産をもたらすとみる。『ベル・カーブ』に対しては，職業的な選抜に IQ が用いられている州で地位と IQ に関連が認められるものの，IQ を用いない州では地位と IQ に関連がないとするティットルとロトロ（Charles R. Tittle & Thomas Rotolo）の反論がある。

　このように，能力をめぐる見解には少なからず不一致がみられる。能力の不確実性を埋め合わせるべく，学歴をシグナルとする採用人事が成り立つとみるスペンス（Michael Spence）や，シグナリング仮説に依拠しつつ，競争の構造が能力を構成するとみるローゼンバウム（James E. Rosenbaum）では，そもそも能力に関する完全な情報が存在するとは考えられていない。しかしながら，能力主義の社会は，分業体制下で労働力へ地位配分することが前提とされ，能力を基準とする選抜が避けられない社会である。能力の開発，測定・評価には，能力主義に対してシステム的な合理性があるからこそ，マーケットとしての存続が可能になっている側面がある。

　ただし，能力開発や測定・評価にシステム合理性が認められるとしても，能力主義の根源的な課題が解決されたわけではない。ルーマン（Niklas Luhmann）は，システム合理的に解決された課題には，批判的な良心としてのコントロールが必要であると説く。グールド（Stephen Jay Gould）は『人間の測りまちがい』において，頭蓋骨の形状や大きさから能力を推し測ろうとした骨相学が人種・階級差別に利用され，「無能」とされた人々の排除に知能検査が加担したと喝破した。日本の場合，知能検査は戦後の一時期，大学入学者選抜への利用が認められ，強制断種を認める優生保護法（1948 年）の下，しばしば断種すべき「無能」の発見に用いられた。同法の断種条項は 1996 年に削除されたが，知能検査は就学前健診などに利用され続けている。

　資本主義における人的資本には限界があり，この限界が経済不況の原因であるとみなされるがゆえに能力主義の強化が企てられる。人的資本の限界は，労働力のリストラのみならず，今や人工知能（AI）やスマート・ドラッグなど，工学的・薬理学的に克服されつつある。技術革新を後ろ盾に，能力主義は新たな潮流を迎えようとしている。

［村山　詩帆］

第 5 章

学習する意義（学習レリヴァンス）を考える
―「なぜそれを学習するのか」という問いからの出発―

― ● 本章のねらい ● ―

学校において日々繰り広げられる教科学習。そこで提示される内容は，学習者にとって，何ゆえに学ばなければならないものであるのか。2006年に発覚した必履修科目の未履修問題は，まさにこのことをわれわれに問うている。本章では，「レリヴァンス」概念を糸口に，学校で提示される知識内容に対して学習者が発する「なぜそれを学習するのか」という問いに対し，「学習する意義（学習レリヴァンス）」という観点から，概念的吟味や現況の把握を行い，いかにして学習レリヴァンスの形成を図るべきかについて検討する。

第1節　なぜそれを学習するのか──「未履修問題」が照射する論点

　2006（平成18）年10月，富山県のとある県立高校において発覚した，いわゆる「世界史未履修問題」。このことがきっかけとなり，未履修問題検証の波が瞬く間に全国各地に押し寄せ，一時，社会問題化した。文部科学省が翌々月の12月に公表した調査結果によると，全国の高校の12.3％にあたる663校において，何らかの必履修科目の履修漏れが確認されたとのことである（詳しい経緯と実態については，文部科学省「高等学校における必履修科目の未履修について」を参照のこと）。日本の高校を中心として発生したこの履修漏れの事態は，いったい何ゆえに，ここまで大きな規模で進行していたのだろ

第1節　なぜそれを学習するのか

うか。

　このような事態を招いた最大の要因として，「大学入試への対応」が指摘されている（佐々木 2007，布村 2007，斉藤 2007）。つまり，学習指導要領によって必履修科目が設定されているにもかかわらず，それが「大学入試」において必要となる科目ではないことを理由に，学校側は生徒にその科目を学ばせることをしなかったということである。換言すれば，この事態は，「大学入試」という，学校教育がもつ本来的な営為からすれば外在的な位置にある観点が，その科目を「学習する意義」という，学校教育にとって本来的かつ内在的な観点を凌駕してしまったという事実を示している。このことは，われわれに対して重大な問いを突きつけている。すなわち，佐藤俊樹（2007）が指摘しているように，「教えるべき内容」について，われわれが本当にそれを必要なものであると，「本気で，真面目に考え」ることができているのかどうか，という問いである。

　なるほど，確かに学校週5日制の導入による授業時数の不足，あるいは学習指導要領が強いる画一性への批判等を理由として，履修漏れの事態を暗に許容する学校文化は存在していたかもしれない。事実，2006（平成18）年の問題発覚以前の状況について，岡部善平（2007）は，「少なからぬ高校において一部の科目が履修されていないことはすでに指摘されてきたこと」であったと述べている。しかし，そのような理由を並べたところで，必履修科目を履修させないまま生徒を卒業させている点で，生徒に対してその科目を「学習する意義」について，「本気で」伝え切れていないことに何ら変わりはない。

　それでは，われわれはこのような事態に対し，どのような見方をもって臨めばよいのか。本章では，「なぜそれを学習するのか」という，日常的には無意識にやり過ごされやすいが，しかし，「学習」という事象の理解においてきわめて原理的な観点に立つこの問いについて，「レリヴァンス（relevance）」という概念の理解を通じて検討を行う[1]。本章では，以下，レリヴァンス概念の定義・類型・意義について検討を行い，次いで，筆者が考えるレリヴァンス概念の新たな類型を提起する。そして，レリヴァンスをめぐる現況について，最近の教育研究の動向および国際比較調査の結果から確認し，最後に，

学校において日々遂行される学習において，いかなる形でレリヴァンス形成を図ることができるのかについて考える。なお，本章における「学習」とは，主として「教科学習における学習行為」を指している。

第2節 「レリヴァンス」とはいかなる概念か

本節では，本章において中心的に取り上げるレリヴァンス概念の定義とその類型，さらにレリヴァンス概念を採用することの意義について，社会学の立場から説明する。

1. レリヴァンス概念の社会学的定義

社会学の領域において，「レリヴァンス」という概念は，オーストリア出身の現象学的社会学者アルフレッド・シュッツ（Alfred Schutz, 1899-1959）によって提起された。シュッツが生前に書き残した諸論稿の編集を行ったヘルムート・ワグナー（Helmut R. Wagner）の用語解説によると，レリヴァンスとは，「特定の状況や行動や計画から選び出された側面等に個人が付与する重要性」と定義づけられる（Schutz, A. 1970 = 1980）[2]。

ただし，江原由美子（1985）は，シュッツによるレリヴァンス概念の定義には三相の文脈が想定されており，それゆえに「理解が困難になっている」と指摘している。具体的には，シュッツによるレリヴァンス概念の理解は，①自然的態度の視点，②現象学的反省の視点，③観察者の視点，という複数の視点からなされており，「この三視点の存在を自覚化して論じること」が大切になってくるのである（江原1985）。ここで，①の自然的態度の視点とは，「自然的態度に基づき日常生活世界に素朴に生きている人々の対象把握や世界像を記述する視点」，②の現象学的反省の視点とは，「自然的態度に基づく常識的思考において『知られないままに働いている』意識作用を明らかにするための反省的視点」，③の観察者の視点は，「①，②で示された現象を説明するための観察者としての視点」を意味している（江原1985）。

第2節　「レリヴァンス」とはいかなる概念か

　このように，レリヴァンス概念は，認識主体における重層的な主観（自然的態度の視点，現象学的反省の視点）という側面から理解されることもあれば，「知識の意味連関」という客体（観察者の視点）としての側面から理解されることもあり，それらの意味合いは当該の文脈に依存する形で定まるのである。

　これらのことを踏まえ，本章においては，レリヴァンス概念を，「世界における何らかの事物・事象に関する，認識主体による主観的な意義づけ作用ないし認識客体としての意義（意味連関）」とひとまず理解することにしよう。

2.　三つのレリヴァンス類型

　さらに，シュッツはレリヴァンスを，「主題的レリヴァンス（topical relevance），「解釈的レリヴァンス（interpretative relevance）」「動機的レリヴァンス（motivational relevance）」の三つに類型化して理解することを提起している。それでは，これらのレリヴァンスは具体的にどのようなものとして理解されるのだろうか。

　まず，「主題的レリヴァンス」とは，「なぜある主題が選ばれたのか。われわれはなぜある対象に注意を向けたのか」，言い換えれば，「親和性（familiarity）のただなかで，あるものが違和的（unfamiliarity）なものとして」主題化される，その働きのことを指す（江原 1985）。つまり，われわれは，われわれが生きている世界を丸ごと認識の対象として据えているわけではなく，常に何らかの形で，「主題化するもの／主題化されないもの」という，いわば「図と地の関係」図式によって世界を理解しているということである。

　次に，「解釈的レリヴァンス」とは，その「選択された主題」に対して見出される「適合的な解釈」の様相をとらえるものである。このレリヴァンスは，「知識の蓄えから対象の知覚の解釈にレリヴァントな諸類型を選択するとともに，その類型の諸特性が解釈にレリヴァントであるか否かを判断する」ものとされる（江原 1985）。すなわち，我々は，物事を類型的に解釈する際に，過去の経験から得た知識をもとに主題を解釈しながら，同時にその解釈によってその物事を理解することが適合的であるのかどうかという判断をも行なっているということである。

第5章　学習する意義(学習レリヴァンス)を考える

　そして,「動機的レリヴァンス」とは,「動機的に適合的主題化や解釈の選択が行なわれる」ことをいう(江原1985)。なお,ここでの「動機」には,未来の行為に関わる動機である「意図の動機(in-order-to motive)」と,過去の経験が作用する動機である「理由の動機(because motive)」の2種類が想定されている(片桐1986)。われわれが行動を起こすのは,何らかの「目的」による場合と,何らかの「理由」による場合とがあり,これらの動機に応じて,物事が主題化され,また解釈されるのである。

　ここで一度,これらの三つのレリヴァンスについて,「大学入試との関係で,数学を学習する必要が生じたと考えている高校生」という例を参考に,整理してみよう。まず,この生徒は,大学入試において必要となる「数学」という分野を主題化している(主題的レリヴァンス)。次に,この生徒は「数学」という分野に対して,「大学入試で必要となる」という解釈を行っている(解釈的レリヴァンス)。そして,この生徒はおそらく,「大学入試に合格する」という「意図の動機」によって「数学」を学習しようとしているだろう(動機的レリヴァンス)。

　もちろん,実際には,「数学」以外の分野が主題化されることもあろうし,高校で学ぶ教育(学習)内容全体が主題化されることもあるだろう。また,「大学入試で必要となる」という解釈以外にも,「社会生活を営むうえで必要となる」という解釈がなされることも考えられる。さらに,動機についても,「過去の受験失敗を乗り越える」という「理由の動機」に基づいて学習しようとしているかもしれない。このように,「世界を認識する」という人間の営みは,一人ひとりの特性に応じ,きわめて複雑に構成されるものであろうことは想像に難くない。学校において「なぜそれを学習するのか」,換言すれば「学習する意義(学習レリヴァンス)」[3]という問題をわれわれが考える際は,学習者あるいは教育者が,それぞれ世界をどのように認識しているのかということについて想像力を働かせることが重要となるであろう。

3. レリヴァンス概念の意義

　ここまで,シュッツが提起したレリヴァンス概念の定義や類型について触

第2節 「レリヴァンス」とはいかなる概念か

れてきた。それでは，このようにレリヴァンス概念を提示することの意義は，どのような点にあるのだろうか。シュッツはなぜ，この概念を用いることを考えたのだろうか。

江原（1985）によると，シュッツがレリヴァンス概念を用いた理由は，彼が日常生活世界を自然的態度に基づく世界（「自明性」の世界）としてとらえ，この世界において人間が日々行う思考・経験・行為の前提自体を解明し説明することを目的としていたことにあった。そして，シュッツはこの概念を提示することによって，「第一に，レリヴァンス問題こそ，生活世界，社会的世界の記述においてもっとも重要な問題であること，第二にまさにそれは，われわれの思考の問われない前提であるために非常に気づかれにくいこと，しかしそれこそがわれわれの生の様式を形づくっていること」という主張を展開することを意図していたとみられている（江原 1985）。すなわち，シュッツは，レリヴァンス概念を解明することを通じて，われわれ人間が形づくる「社会」の成り立ちそのものを解明することを考えていたのである。

さらに，ここでは社会の形成という具体的側面について，レリヴァンス概念と「社会的行為」との関連から考えてみたい。宮台真司（1991）は，社会的行為の「遂行的レベル」という側面に着目し，「遂行的なレベルでの行為」が，「〈社会のなかに〉出来事を作り出す力をもっている」こと，それが「『社会的事実』としての性格」をもっていることを説明している。すなわち，社会的行為の意味というものが，「物理的レベル」のみによって定まるのではなく，行為の「人称的文脈」（行為者／行為相手／第三者の役割からなる行為文脈）と「無人称的文脈」（①物財，②情報収蔵体，③時間，④場所），さらには社会的・文化的な影響のもとにある「当事者の理解」によって，遂行的に定まることを意味している（宮台 1991）。

このような社会的行為の議論を念頭に置くと，レリヴァンス概念は，遂行的レベルでの行為，なかでもとりわけ「当事者の理解」という領域に密接にかかわっていることに気づく。すなわち，行為主体がどのようなレリヴァンスを抱いたかによって，行為主体の理解の仕方がある程度水路づけられ，結果的に，その水路づけの影響を受ける形で，社会的行為を媒介して社会的事

実が形成されることになるのである。

　このことを，学校における「学習行為」という一種の社会的行為の文脈において考えてみよう。まず，学習における行為主体（学習者）が学習あるいは学習内容に対してどのようなレリヴァンスを認識するかにより，学習行為の遂行的側面が規定されることになる。そして，そこでの遂行的行為の結果である学習成果を基礎として，社会が形成されることになる。ある生徒が，数学で学ぶ知識内容を大学入試との関係でのみ必要と考えるか，実際に社会で必要となるものと考えるかという「理解」のあり方に沿って，その知識内容を起点とした社会形成の方向が変更されることになる。つまり，前者の理解を採用する者が社会の構成員の大半を占めるならば，その社会において数学的知識に準拠した社会形成は志向されにくくなり，後者の理解を採用した場合とで大きな差が生じることが予想される。

　ここで，レリヴァンスというものが，「学力」のような標準化された数値指標に準じるのではなく，社会の形成というきわめて現実的かつ具体的な遂行的側面に関与する概念であるということを確認しておきたい。レリヴァンスは，社会のあり様そのものに直接的に重大な影響を与えるのである。このことはそれが社会的行為と密接な関連を有しているからにほかならない。レリヴァンスのとらえ方次第で，社会の形成のされ方が変化するのであれば，それに照準した適正なレリヴァンス形成のあり方が模索されなければならない。そしてこの仕事は，多くの場合「教育」に託されることになるだろう。

第3節　新たなレリヴァンス類型の提起――知識に対して内的か外的か

　さて，本稿では，前節で提示した三つのレリヴァンスのうち，とりわけ「解釈的レリヴァンス」に着目する。その理由は，本章で提示している「学習レリヴァンス」という問題関心がまさに「解釈的レリヴァンス」の観点と符合するからである。言うまでもなく，学校において学習する知識内容は，学習者個人の意志の範疇を超えて社会的・文化的に「主題化」されて設定された

第3節　新たなレリヴァンス類型の提起

事項であり，このことは各々の学習者が，それらの知識内容をいかにして「解釈」するかという分厚い課題を負うことを意味している。

　そこで，本節では，学習者が，与えられた知識内容に対していかなるレリヴァンスを見出すことが実際的に肝要であるのか，ということに関して，解釈的レリヴァンスにおける新たな類型の提起を試みたい。

　「解釈的レリヴァンス」自体をいかなる形で解釈し切り分けるかは，解釈の数だけさまざまに成り立つのであり，その数は無数であるといってよいかもしれない。ここで，筆者は，学習主体が何らかの知識内容に対峙しているという場面を前提に，「当該の知識内容自体に照準し解釈を行うのか，それとも知識内容の外側の事項に照準し解釈を行うのか」という視点から，新たな類型を提起する。ここでは前者を「知識内的レリヴァンス」，後者を「知識外的レリヴァンス」と呼ぶことにする。以下，このレリヴァンス類型について説明する。

　まず，「知識内的レリヴァンス」とは，「当該主体が，対峙する知識内容自体について第一義的に照準し，当該の知識内容を何らかの事物や事象との内容的関係から論理必然的に要請されるものとして認識し解釈すること」を指す。それでは，この「知識内的レリヴァンス」とは，具体的にどのような場面で生起するものであるだろうか。たとえば，ある生徒が学校で学んでいる知識内容に対して，それ自体が将来就きたい仕事において有用なものであると認識し解釈する場合，その生徒は「知識内的レリヴァンス」を見出しているといえる。このように，「知識内的レリヴァンス」とは，知識内容自体を志向しており，また，その知識内容と他の事物・事象との具体的内容とが交差する「内容の地平」において，なかば自然的に論理的な連関が見出される状態を指している。また，そこでの連関は，個別具体的な関係性を形成しているがゆえに，基本的に他の知識によって代替することはできない。

　それに対し，後者の「知識外的レリヴァンス」とは，「当該主体が，対峙する知識内容に付随する外的事項（制度・感情など）について第一義的に照準し，当該の知識内容をそれとの関係から人為的ないし選択的に要請されるものとして認識し解釈すること」を指す。たとえば，ある生徒が，学校で学ん

でいる知識に対して,「大学入試」との関連で必要であると認識する状態がこれに該当する。この生徒において,そこで学ばれる知識はまずもって「大学入試」という人為的制度との関係から有用であるか否かという点で吟味され,また,その知識は「人材を選抜する」という目的を達成するための手段として選択的に加工されたものとして映るだろう。さらに,そこでの知識は他の知識であっても基本的に代替可能である。

　また,ある生徒が,学校で学んでいる知識に対して,「面白い」といった感情的反応に基づく形で解釈を与える場合も,「知識外的レリヴァンス」に該当すると考えられる。この事例においても,当該主体は,まずもって「個人の感情」という個人的観点を知識内容の外側において据え置いているのであり,そこでは知識内容自体に直接的な光が当てられているわけではない。

　それでは,ここで新たに提起した二つのレリヴァンスの違いはどこにあるのかについていま一度整理しておこう。その違いは,知識内容に対し,まさにその「内容の地平」における論理展開が志向されているか否か,という点にある。このような点に着目して類型を提起するのは,この視点こそが,子どもたちが抱える「なぜそれを学習するのか」という問いに対して,基底的に考える視座を用意すると考えられるからである。

　「大学入試で必要になる」と説明したところで,そのような説明はただちに「では,なぜその知識が入試で必要とされる知識であるのか」という問いを呼び起こすのであり,「知識外的レリヴァンス」によってこの問いに内在的に回答することは不可能である。一方,「知識内的レリヴァンス」の観点は,「事物や事象との内容的関係」という明確な内容的準拠点をもっている。つまり,この場合,当該の知識内容が必要となることについて,「内容の地平」における論理必然的な理由を提供することができるのであり,この説明は学習者に対して強い説得力をもつと考えられる。そしてこの相違による影響は,知識内容を実際に社会的に展開するという具体的場面において大きな差となって現れるものと予想される。

第4節　教育・学習の「レリヴァンス」をめぐる現況

　それでは，実際にレリヴァンスをめぐる現況はいったいどのような状態にあるのだろうか。本節では，教育・学習のレリヴァンス（意義）概念をめぐる動向について，第一に，とくに教育研究の領域において，これまでにどのような議論がなされてきたのか，第二に，その意識レベルは国際的に見てどの程度の水準にあるのか，という側面から概観する。

1.　教育のレリヴァンス（意義）をめぐる研究の動向

　まずは「レリヴァンス（意義）」を対象とする教育研究，とりわけここでは教育社会学における近年の研究動向について概観しよう。

　本田由紀（2005）は，「『教育の意義』問題，言い換えれば『教育は人々にいったい何を教えているのか』という問題は，教育研究の根幹に位置すべき重要な課題である」という基本認識を示し，「それは研究課題としてだけでなく，実践的・政策的課題としても，緊急かつ不可避のテーマである」としている。

　また，本田（2005）は，「意義」概念を「即自的意義」「市民的意義」「職業的意義」に分類して理解することを提案している。ここで，「即自的意義」とは，「教育―学習行為がまさに営まれている現場において同時的に，学習者がその教育内容に対して感じる『面白さ』の実感といった事柄を意味して」いる。「市民的意義」は，「学習者が学校教育を離れたのちに，市民・家庭人・消費者・有権者等々として生きる上で，直接的にはその個人自身にとって有益な道具となり，間接的には社会にとっても有意義であるような，さまざまなスキルや知識が含まれている」ものである。そして，「職業的意義」とは，「学習者の労働力としての質を向上させること，すなわち職業に関連した知識やスキル，態度などを学習者に与えることを意味」しており，本田は，「若者の〈教育から仕事への移行〉が困難化している現在，『教育の職業的意義』は3種類の『教育の意義』の中でも特に喫緊な課題である」として

いる（以上，本田2005より）。

　「教育の意義」に関する本田の議論の展開に対し，広田照幸（2014）は，「社会システムを再編していく際の教育の役割には，個々人の職業的な有用性を高めるという道以外にも多様な方向が考えられる」とし，その一つとして「教育による市民形成の視点」をあげている。また，小玉重夫（2014）は，学校教育において「職業的な意義の回復」と同時に，「政治的な意義の回復」をも図る必要があると述べている。これらの主張は，本田が提示した三つの分類のうち，「市民的意義」に該当する議論であると考えられる。

　また，東京大学教育学部カリキュラム・イノベーション研究会（2015）は，「社会的意義」という観点から，「カリキュラム・イノベーション」や「学力形成」を図ることを検討課題としている。そこでは，「市民生活，職業生活を含む社会生活を視野に入れ」る形で，また「教育が，政府，学習者，保護者，産業界などの様々な費用負担者・ステークホルダーに対して，教育のアウトカムという面でのアカウンタビリティー（説明責任）を果たすこと」をもって「社会的意義」を理解するという志向性が見られる。つまり，そこでは，社会というものを広く一体的に認識し，その知覚をカリキュラム改革において発揮することが目指されているのである。

　なお，本項で紹介したいくつかの議論においては，シュッツによる社会学的な定義が明示的に参照されているわけではなく，一般的に扱われる語義に準拠していることを確認しておく必要がある。ただし，だからといって全く別の事柄を扱っているというわけではない。むしろ，これらの議論が，本章で展開している主題と同種の問題を考えていることは明らかである。それでは，シュッツが行った議論と，最近の教育研究における議論との相違はどこにあるだろうか。

　シュッツの議論が有する一つの強みは，意義を見出すその作用自体を内省し，そこではたらく認識に対してできる限り繊細かつ精緻な意識を張り巡らせようとする，原理志向的な視座にあると思われる。そこでの議論は，実際にわれわれが世界に対峙する際に，レリヴァンスをいかにして見出すのか，それを認識する手がかりを与えてくれている。このことは，シュッツの議論

第4節 教育・学習の「レリヴァンス」をめぐる現況

の主旨が，対象とする事物や事象について，単に「意義がある（と思われる）もの」という社会的・文化的認定を与えれば済むということにではなく，それが行為主体である当人において本当にそう認められるのかということにこそ照準しているという点がまずもって重要である。

今後，レリヴァンス（意義）概念を教育領域にいかにして接続していくのか。そこにおいて，奥行きと深みのある見識をもって研究が展開されることが望まれる。

2. 国際比較調査結果にみる学習レリヴァンス認識の実態

それでは，学校において学習を遂行している学習者は，どの程度の水準で学習レリヴァンスを見出しているのだろうか。ここでは，「OECD（経済協力開発機構）生徒の学習到達度調査（Programme for International Student Assessment）」，通称 PISA 調査の結果をもとに，国際比較の観点から概観する。PISA 調査は，2000（平成12）年から3年ごとのサイクルで実施されている国際的な調査であり，日本も参加している。調査は，調査参加国の15歳児を対象とし，主に読解力，数学的リテラシー，科学的リテラシーを中心に測定することを目的としており，これらの各種能力を測る調査問題（ペーパーテスト）に加え，生徒質問紙による調査を課している（国立教育政策研究所 2004）。

ここでは，2003（平成15）年と2012（平成24）年の生徒質問紙の数学リテラシーに関する項目から，レリヴァンス概念としてとらえることのできる項目を取り上げ，日本の生徒の学習レリヴァンス認識の現況について，諸外国との比較（ここでは推移を確認することができる40の調査参加国による比較）から確認しよう。なお，具体的に扱う項目は，「将来就きたい仕事に役立ちそうだから，数学はがんばる価値がある」と「数学を勉強しているのは楽しいからである」である。この二項目はいずれも「数学を学習する」という行動に照準する動機概念に関係するが，動機概念から意義概念を推測的に把握することが可能であると考えられるため，ここでは，本田（2005）の分類に合わせて，前者を「職業的意義」，後者を「即自的意義」として解釈した。また，ここでいう職業的意義は，本章の第3節で提起したレリヴァンス類型のうち，

第5章　学習する意義（学習レリヴァンス）を考える

表5.1　数学の職業的意義・即自的意義の認識についての国際比較

〈数学の職業的意義〉

順位	国名	2003年	順位	国名	2012年
1	タイ	95.7	1	タイ	91.7
2	メキシコ	95.2	2	メキシコ	90.7
3	インドネシア	94.4	3	インドネシア	88.6
4	デンマーク	90.8	4	イギリス	88.0
5	ブラジル	88.5	5	デンマーク	87.8
6	ニュージーランド	85.2	6	ニュージーランド	86.2
7	チュニジア	84.2	6	ブラジル	86.2
8	オーストラリア	82.9	8	チュニジア	85.0
8	イギリス	82.9	9	ノルウェー	84.6
10	アイスランド	82.8	10	オーストラリア	84.3
10	ウルグアイ	82.8	11	ポルトガル	83.8
12	ノルウェー	82.4	12	カナダ	82.2
13	ポルトガル	82.2	13	アメリカ	80.6
14	ラトビア	81.7	14	ウルグアイ	80.5
15	トルコ	81.4	15	ハンガリー	80.2
16	アメリカ	80.9	16	アイルランド	79.9
17	アイルランド	80.2	17	アイスランド	79.9
18	カナダ	79.9	18	リヒテンシュタイン	79.2
19	ハンガリー	79.3	19	スウェーデン	78.9
19	チュニジア	79.3	20	トルコ	76.5
21	マカオ	78.9	21	ラトビア	76.4
22	リヒテンシュタイン	77.4	22	ギリシャ	75.6
23	ロシア	77.3	23	スイス	73.7
24	スイス	76.4	24	フィンランド	73.2
25	スロバキア	75.9	25	スペイン	72.4
25	スペイン	75.9	26	ポーランド	71.9
27	チェコ	74.5	27	フランス	71.6
28	ギリシャ	74.4	28	ロシア	71.0
29	香港	74.3	29	香港	69.2
30	フランス	73.4	30	イタリア	68.6
31	フィンランド	73.0	31	マカオ	68.0
32	ドイツ	72.9	32	チェコ	67.9
33	スウェーデン	70.7	33	スロバキア	67.2
34	オランダ	70.4	34	オーストリア	66.6
35	イタリア	68.8	35	ドイツ	66.4
36	ベルギー	65.8	36	ベルギー	63.7
37	オーストリア	64.2	37	ルクセンブルク	63.6
38	韓国	56.7	38	韓国	59.3
39	ルクセンブルク	52.1	39	オランダ	57.8
40	日本	49.4	40	日本	56.5
	OECD平均	75.3		OECD平均	75.0

〈数学の即自的意義〉

順位	国名	2003年	順位	国名	2012年
1	インドネシア	73.8	1	インドネシア	78.3
2	タイ	68.6	2	タイ	70.6
3	チュニジア	67.2	3	チュニジア	58.0
4	ブラジル	60.6	4	デンマーク	56.9
5	デンマーク	58.6	5	リヒテンシュタイン	56.2
6	トルコ	58.2	6	ブラジル	55.8
7	リヒテンシュタイン	52.5	7	香港	54.9
8	香港	51.8	8	メキシコ	52.8
9	スイス	51.7	9	トルコ	52.7
10	ウルグアイ	48.4	10	ギリシャ	51.7
11	イタリア	47.3	11	ウルグアイ	50.6
12	フランス	46.9	12	スイス	48.5
12	ポルトガル	46.9	13	アイスランド	47.7
14	メキシコ	45.2	14	イタリア	45.8
15	マカオ	45.1	15	ポルトガル	45.5
16	ギリシャ	44.2	16	ロシア	42.9
17	ドイツ	43.3	17	マカオ	42.3
18	ラトビア	41.3	18	フランス	41.5
19	ロシア	40.8	19	イギリス	40.8
20	ポーランド	40.4	20	オーストラリア	39.0
21	ニュージーランド	39.1	21	ドイツ	39.0
22	アイスランド	37.8	22	ラトビア	38.6
23	スペイン	36.8	23	ニュージーランド	38.2
24	カナダ	36.5	24	アイルランド	37.0
25	オーストラリア	35.8	24	スペイン	37.0
26	オランダ	35.3	24	スウェーデン	37.0
27	スウェーデン	35.1	27	カナダ	36.6
27	アメリカ	34.5	27	アメリカ	36.6
29	ノルウェー	34.1	29	ポーランド	36.1
30	イギリス	34.0	30	ルクセンブルク	35.3
31	ベルギー	33.4	31	オランダ	32.4
32	ルクセンブルク	33.2	32	ノルウェー	32.2
32	アイルランド	33.2	33	日本	30.8
34	スロバキア	32.6	34	韓国	30.7
35	韓国	31.3	35	チェコ	30.3
36	チェコ	31.0	36	フィンランド	28.8
37	オーストリア	27.8	36	ベルギー	28.8
38	ハンガリー	26.8	38	スロバキア	27.9
39	日本	26.1	39	ハンガリー	27.5
40	フィンランド	24.7	40	オーストリア	23.8
	OECD平均	38.0		OECD平均	38.1

※1　数値は質問に対し，「まったくその通りだ」，「その通りだ」と答えた生徒の割合を示す．
※2　網掛けの国は，OECD非加盟国であることを示す．
※3　セルビア・モンテネグロは2006年に解体されたため対象外とした．
（出所）国立教育政策研究所編（2004），OECD「PISA」ホームページ，国立教育政策研究所（2013）を参照し作成．

「知識内的レリヴァンス」に，即自的意義は「知識外的レリヴァンス」にあたるものとして解釈することができる。

それでは結果について見ていこう。**表5.1**に示した結果を見ると，まず，職業的意義を認識していると回答した割合について，日本は2003年49.4%（40位），2012年56.5%（40位）で，数値自体は7.1ポイント上昇しているものの，相対的に見るといずれも40カ国中最下位であった。次に，即自的意義について，日本は2003年26.1%（39位），2012年30.8%（33位）で，数値は4.7ポイント上がり順位も若干上昇しているものの，全体で見ると相対的に低位であった。つまり，世界と比較して，日本の生徒は，数学という学習内容に対して，職業とのつながりを感じている割合が低いことに加え，それを楽しいと感じる割合もまた低いということである。しかも，この状況はここ10年間のスパンで見た場合，大きく変化していないのである。

このように，日本の生徒の数学の学習レリヴァンス認識は，国際的に見てきわめて低い水準にあると言わざるをえない。日本の学校の子どもたちは，数学の学習レリヴァンスを見出すことにおいて，知識内的な視点から見ても知識外的な視点（ここでは「楽しい」という感情的な視点）から見ても困難な状況に陥っているのである。この事実は，日本の学校における学習レリヴァンス認識に関する理解の「底の浅さ」を如実に示すものであり，このことが，未履修問題などの各種問題の温床になっていることが懸念される。

第5節　これからの課題：「レリヴァンス」をいかに形成するか

本章では，未履修問題から導かれた「なぜそれを学習するのか」という問いを端緒に，「学習する意義（学習レリヴァンス）」という観点から，レリヴァンス概念の有効性，またレリヴァンス概念をめぐる現況について検討を行ってきた。これらのことを踏まえた今，われわれが考えなければならない課題とは何であろうか。ここでは，その一つとして，「学習レリヴァンスの形成」という課題を取り上げたい。われわれはこの課題に対して，いかなる方向で

アプローチすることができるのだろうか。以下において，二つの側面から考えてみたい。

　第一に，フランスの社会学者ピエール・ブルデュー（Pierre Bourdieu）が提唱した「文化的再生産論」からの検討である（詳しくは，Bourdieu et al. (1970 = 1990)，宮島（1994）などを参照のこと）。宮島喬（1994）によれば，「文化的再生産論」とは「不平等，序列，支配等の関係をふくむものとしての社会構造の同形的な再生産において，文化的なものの演じる役割をあきらかにしようとする理論志向」を指す。レリヴァンス概念は，本理論においてブルデューが言及する「ハビトゥス（habitus）」概念に近い。ここで，「ハビトゥス」とは，「社会化の過程のなかで習得され，身に着いた一定のものの見方・感じ方・振舞い方などを持続的に生み出していく性向」であり，「文化資本（cultural capital）」の一構成要素とされるものである（濱嶋ら編 2005）。

　レリヴァンスとは，ここでみるハビトゥスの定義に，おおよそ重なる概念と見ることができる。具体的にいえば，ハビトゥスは，文化資本として，一方では生育環境である家庭の階層文化の影響を受けて形成され，また他方では社会の文化形成にも影響を与える可能性が想定されるが，このことは，レリヴァンス概念にも共通するものと考えられる。すなわち，レリヴァンスは，教育による影響を受けると同時に，社会的行為を通じて社会的事実の生成にかかわるがゆえに，階層文化の再生産に寄与している可能性がある。

　レリヴァンスがいかにして見出されるものであるのかについて，こうした社会理論との関係性を視野に入れ探求されることは，社会学的に重要な課題であるといえる。誰がどのような学習レリヴァンスをどの程度の水準で獲得し，何がそれを可能せしめているのかという，「学習レリヴァンスをめぐる社会・文化」の実態解明を目指して，実証的な研究成果を蓄積していくことが重要である。

　第二に，学習レリヴァンスの形成機会を学校教育のなかにビルトインし，それを学習者に伝達していくための教育体制を形づくっていくことが必要である。日本の学校教育においては，とくに普通教育領域における学習内容がもつ「知識内的レリヴァンス」を明確に認識することが課題となるだろう。

第5節 これからの課題：「レリヴァンス」をいかに形成するか

しかし，未履修問題に見られたように，学校側はそれを説明することから「撤退」する傾向が強い。この事態は，レリヴァンス形成の側面からみれば，学習者である生徒がきわめて不利な状況に追い込まれていることを意味する。学校，それも生徒の大半を大学に送り込むことを是としている進学校からすれば，レリヴァンス形成という課題に拘泥すること自体，不利益なことであるとさえ考えられているのかもしれない。

このような情勢下で，学習者が「なぜそれを学習するのか」という問いに真正面から向き合い，暫定的であれ，納得できる答えを自己のなかに保持し自律的に修正し続けることのできる状態をどれほど作り出すことができるのか。そのための教育的なしかけが必要である。

具体的な対応策としては，学習者が対峙するさまざまな学習内容に対し学習レリヴァンスを認識できるように，学校側（教育者側）が積極的にガイダンス機能を果たすことがあげられる。すなわち，授業等において，そこでの学習内容が有する社会的世界や自然的世界とのつながりについて積極的に言及することや，「総合的な学習の時間」などにおいて，学習者に多様な世界との接触経験を蓄積させることで，彼／彼女らが想像可能な世界の範囲を広げる機会を絶えず提供することである。学校側はこの点に，責任と自覚をもたなければならない。

昨今の学習に関係する一般的な議論は，とかく学力（能力）論や意欲論として語られやすい。それは，学力や意欲というものが人々の普段の生活感覚になじむものであるからだろう。しかし，これらの議論は，学習内容を投入する箱，つまり，形式的な議論に終始している。これに対し，日常的な感覚からはなじみの薄いレリヴァンス概念は，世界から引き出される知識内容への対峙の仕方という点に関与する。

学習という事象を考えるにあたり，学習者がいかなるレリヴァンスを抱えて学習内容と対峙するのか，その具体的内実を問う態度こそが，われわれに求められている。この部分への積極的な対応がなければ，未履修問題に見られたような，「学習する意義」に関する疑念が解消されることはないであろう。

教育あるいは学習がもつ本来的な主題は，「人間を本源的に取り込んでい

るこの世界に対して、いかにして人間が対峙するか」という事項を取り扱うものであると考えられる。この「対峙」は社会のあらゆる領域に見られるのであり、その意味で普遍的な問題である。われわれは世界が抱えるあらゆる側面から見出されるレリヴァンスへの想像力をもち、また、それを喚起する形で、レリヴァンス形成を意図した教育を力強く実行する必要に迫られているのではないだろうか。

[山田　美都雄]

● 考えてみよう！
► 学校で学習する内容に対して、どのような解釈的レリヴァンスを想定することができるか考えてみよう。
► 日本において、数学の学習レリヴァンスの認識レベルが諸外国と比べて低いのはなぜであるのか。その理由について、考えてみよう。

● 注
1) レリヴァンスの訳語としては、「関連性」や「有意性」、「適切性」、「意義」が当てられることが多い（本田 2005 など）。
2) レリヴァンス概念について、片桐雅隆（1982）は、「不透明で広大な世界の中から、特定の対象が特定の個人によって取り出される過程」における「そのかかわり合いのあり方を決定する」ものとして、さらに武藤孝典（1993）は、「行為者が状況のなかでどのような行為のかかわりを示すかを表す概念」として理解している。
3) 「学習レリヴァンス」という語は、本田（2004）においてすでに提起されている。

● 引用・参考文献
Bourdieu, P., Passeron, J.-C.（1970）*La Reproduction*, Les Editions de Minuit.（= 1991, 宮島喬訳『再生産』藤原書店）
江原由美子（1985）『生活世界の社会学』勁草書房
濱嶋朗・竹内郁郎・石川晃弘編（2005）『社会学小辞典（新版増補版）』有斐閣
広田照幸（2014）「社会システムの設計と教育学研究」広田照幸・宮寺晃夫編『教育システムと社会—その理論的検討』世織書房, pp.3-18

本田由紀（2004）「学ぶことの意味―学習レリバンス構造のジェンダー差異」苅谷剛彦・志水宏吉編『学力の社会学』岩波書店，pp.77-98
本田由紀（2005）『若者と仕事―「学校経由の就職」を超えて』東京大学出版会.
片桐雅隆（1982）『日常世界の構成とシュッツ社会学』時潮社
小玉重夫（2014）「教育の政治性を再考するために」広田照幸・宮寺晃夫編『教育システムと社会―その理論的検討』世織書房，pp.32-45
国立教育政策研究所（2004）『生きるための知識と技能（2）』ぎょうせい
国立教育政策研究所（2013）「OECD 生徒の学習到達度調査―2012 年調査分析資料集」（平成 25（2013）年 12 月）文部科学省
宮台真司（1991）「行為と役割」今田高俊・友枝敏雄編『社会学の基礎』有斐閣，pp.57-96
宮島喬（1994）『文化的再生産の社会学―ブルデュー理論からの展開』藤原書店.
文部科学省「高等学校における必履修科目の未履修について」
（http://www.mext.go.jp/b_menu/shingi/chukyo/chukyo3/siryo/07013003/002.htm，2016 年 2 月 10 日閲覧）
武藤孝典（1993）「教授学習活動の社会学」木原孝博・武藤孝典・熊谷一乗・藤田英典編『学校文化の社会学』福村出版，pp.71-86
布村幸彦（2007）「国は『未履修問題』にどう対応したか」『月刊 高校教育』5 月号，pp.31-35
OECD "Programme for International Student Assessment (PISA)" (http://pisa2003.acer.edu.au/interactive.php　2016 年 2 月 10 日閲覧）
岡部善平（2007）「『未履修問題』の何が『問題』なのか」『月刊 高校教育』5 月号，pp.44-47
斉藤剛史（2007）「『未履修問題』とは何だったのか」『月刊 高校教育』5 月号，pp.48-51
佐々木幸寿（2007）「高等学校における教育課程編成上の問題に関する一考察―2006 年の地歴科を中心とした高校必履修科目の未履修問題を素材として」『教育経営研究』pp.57-70
佐藤俊樹（2007）「時評 2007 未履修問題『失われた 10 年』の意味」『中央公論』1 月号，pp.28-29
Schutz, A. [Wagner, H.R, (Ed.)] (1970) *On Phenomenology and Social Relations*, The University of Chicago Press.（＝1980 森川眞規雄・浜日出夫訳『現象学的社会学』紀伊國屋書店）
東京大学教育学部カリキュラム・イノベーション研究会編（2015）『カリキュラム・イノベーション―新しい学びの創造に向けて』東京大学出版会

● **COLUMN** ●

▶ なぜそれを学習するのか

　「なぜそれを学習するのか」という問いに対して回答することは，職業教育でいえばそれほど難しいことではないかもしれないが，普通教育でそれをなすことはけっして易しい課題ではないだろう。私は岐阜県のいわゆる進学校に通っていたが，高校2年の世界史の授業で，教師に対してこの問いを発する同級生がいた。私の記憶するところでは，その時の世界史の教師からの回答は，「それを学習することになっているから，そうするんだ」というものであった。後日，私は学校の廊下で，その問いを発した同級生がロッカーから荷物を掻き出している場面に遭遇した。そして，理由は多々あったのだと思うが，その同級生は高校を辞めた。私は，この同級生とその当時から同じ問いをもちながらも，高校を辞めるということは微塵も考えていなかったので，その判断に驚いた。それと同時に，「なぜそれを学習するのか」という問題は，きわめて切実な問題であるのだと強く感じた。

　「なぜそれを学習するのか」。この問いに対して，「後になればわかる」，「大人になればわかる」といった答えをもつ方もいるだろう。すなわち，それは学校で勉強しているときにはわからないけれども，社会に出てからわかるものだ，という考え方である。この考え方には確かに一理あるが，私はこの考えは「思考停止」だと思う。「思考停止」を選択するより，逆に，なぜ社会に出たらそれを学習する意義がわかるのかを追求し，その感覚を学校教育において表現することをもっと探求してもよいのではないか。学習することの意義を認識することができれば，より確信をもって勉強に臨むことができるし，自身の進路や生き方を考える場面でも有用となる。なぜなら，学習する意義を理解することは社会や世界を知ることそのものだからである。さらに，それは社会形成の面から見ても重要である。私たちはこの問題が社会的な課題であることにもっとセンシティブになるべきである。

　教職を目指している方，すでに教職にある方，また，それ以外の方にも，ぜひ「なぜそれを学習するのか」という問いに真正面から「本気で，真面目に」向き合ってほしい。学習する意義を見出すには，日々問いをもちつづけ，自身の世界観を拡張する態度が肝要となる。知識を増やし，いろいろな人の考え方や価値観と出会うことが，それを考える糧となる。

　この問いを考えることは，自身を鍛えることにもなるし，社会を鍛えることにもなる。つまり，想像力が創造力を生むのである。

〔山田　美都雄〕

第6章

大学の変容と教授・学修のエートス
―危機の過程としてのユニバーサル化―

● 本章のねらい ●

　大学をめぐる失意や不満は，大学に対する人々の順応と不可分である。しかしながら，大学への順応が集合的に起こる過程には，高等教育がエリート段階からマス段階へと向かう構造的な変化，国家や権威に対する自己表現としての大学紛争があった。本章では，大学に順応する学習を経て非政治化された若者にとって，乗り越えるべき壁が何処を彷徨っているのかを素描する。

　　　"わたくしは多年の経験と冷静な考察から，一般に大勢の学生を一堂に集めてする講義の価値を疑うものである。もちろん，それをやめてしまうわけにはいかないであろう。(中略) フランスと違って，わが国には学問上の「不死なるもの」の団体は存在しない。わが国の伝統にもとづいて，大学は研究ならびに教授というふたつの課題を等しく尊重すべきである。とはいえ，これらふたつの才能を兼ね備えた学者の出現はまったくの偶然に待つほかないのである。"
　　　　　　　　（マックス・ウェーバー，尾高邦雄訳『職業としての学問』岩波文庫，p.19, 20）

第1節　大学の発展と葛藤

　小学校を初等教育，中学校を前期中等教育，高等学校を後期中等教育とし，

第6章　大学の変容と教授・学修のエートス

それらの上位にある大学や高等専門学校などは高等教育に分類される。アメリカのマーチン・トロウ（Martin Trow）は，高等教育研究の碩学である。トロウによれば，先進産業社会における高等教育の発展過程に生じる変化には，特有のパターンがみられるという。

同年齢層における高等教育機関への進学率が15％ほどに達するまで，高等教育は社会的出自や才能に依拠した特権と認識され，基本的な性格を変えることなく拡大し続ける。進学率が15％を超えると，高等教育は一定の資格を獲得した者に付与される権利とみなされるようになり，制度に変化が引き起こされる。やがて進学率が約50％を上回るようになると，高等教育は半ば義務化し，中流以上の社会階層に属する人々の間に，進学しない理由が問われる状況が生じるとしている（Trow 1973＝1976: 63-64）。

村上龍の『69（sixty nine）』（集英社文庫）は，大学・短大への進学率が20％を超え，高校紛争が頻発する最中にあった1969（昭和44）年，佐世保北高校を舞台に展開し，警察沙汰となったバリケード封鎖の顛末を，努めて明るく描いた私小説である。学校をバリケード封鎖するに至った契機は，憧れの女子生徒が「テレビなんかでさ，よう学生のデモとかバリケードとかあるやろ？うち，全然違う世界て思うばってん，わかるごたる気がする」（同上: 46）と発したことにある。だが，バリケード封鎖とその後の騒動の底流には，「受験体制」やサラリーマン社会に包摂されることへ抗おうとする時代の気分があった。バリケード封鎖時には学校の玄関床に「お前らは死人だ，大学進学を拒否せよ」（同上: 84）とペンキで書き，「自分が嫌になった，それは17歳の少年にとって，女高生を口説く時以外には，決して口に出してはいけない台詞である。（中略）選別されて，家畜になるかならないかの瀬戸際にいるのだから，当然だ」（同上: 182）とする描写もある。

これらの描写には，党派や組織に帰属意識がなく，脱管理社会を志向する「モラトリアム（猶予期間にある）人間」（小此木 1978: 12）に通じる心性が滲み出ている。竹内洋（1999: 314-319）によれば，1960年代に経営幹部として補充されていたサラリーマンは，低い職位に長期間留まり，徐々に昇進する「大衆的サラリーマン」へと変化し始め，大学や教養主義と摩擦を引き起こした。

101

そこから発生した幻滅と憤怒が激しい大学紛争となって現出した。小熊英二（2009: 778-786）は，経済難で進学できなかった友人を知っていた当時の大学生たちが，受験競争で「我利我利亡者」（ガリ勉）を忌避する価値観を自ら裏切り，他人を蹴落として大学生になったことに罪悪感を抱いたとしている。バリケード封鎖で表現された「大学進学を拒否せよ」は，大学紛争を彩っていた大学生の葛藤を，高校生の目線で変換したものと推測される。

高等教育機関である大学への進学率が50％に達した現在，大学生たちは大学に進学する自らの進路選択をめぐる葛藤から解き放たれて久しい。しかしながら，進学校に在学しながら大学進学しない者は親や学校から理由を追及され，進学した者は自らが選び，犠牲にしたものの不透明さにしばしば苛まれる状況にある。大学改革が恒常的に行われ，日本の大学には劇的な変化が起こった。にもかかわらず，「学問の府」や「最高学府」として大学キャンパスが再生したという心躍るような美談は，寡聞にして知らない。本章では，大学における教授・学修の実践にとって，大学改革がいかなる役割を演じてきたかを反省的に考察し，教育と社会を関係化する技術をめぐる教訓を提示してみたい。

第2節　マスからユニバーサルへ

戦後の日本社会では，四年制大学への進学率が1960年代に15％に達し，エリート段階からマス段階へと移行している。現在，進学率は50％を超え，誰もが高等教育機関への進学機会が保証されたユニバーサル段階に突入した。トロウは，エリートからマスへと制度的な段階移行の過程には容易に解決できない，高等教育機会の質，エリート高等教育への依存，公財政教育支出の増大の3つのディレンマが，国家間で異なった形態によって発生するとした（Trow 1973 = 1976: 92, 93）。

1. 国際社会における日本の大学

　政治エリートや専門職を輩出する諸国家の高等教育は，異なった発展と普及の過程にあるシステムとして存立している。教授・学修を成立させる組織の基本的要素は，国家の形態や統制に応じて多様である。

　OECD加盟国の大学型高等教育進学率を示すと，図6.1のようになる。ベルギー，フィンランド，ハンガリー，スウェーデンのように，2000（平成12）年と2012（平成24）年の時点で進学率が低下している国もあるが，図に示された32カ国のうち23カ国が2012（平成24）年時点で進学率50％を超え，ユニバーサル段階に入っている。日本もユニバーサル段階にあるが，少なくとも進学率は国際社会の上位にはない。

　表6.1は，一般政府総支出，国内総生産（GDP）に占める公財政による教育支出の推移を示している。公財政教育支出は，政治や経済，社会の諸関係を経て決まるもので，公財政支出の割合が小さい国家には，高等教育に対して家計の負担を重くする政治力学が相対的に強く働いていると考えられる。日本の高等教育に対する公財政支出の割合は，いずれもOECD加盟国のうち，低位を占めている[1]。

　大学を制度化する政治力学の国家間にある脈絡の差異は，大学を卒業した人々の意識からも見出せる。図6.2は，OECDに加盟する11カ国の大学を，2000（平成12）年から2002（平成14）年の間に卒業して5年が経過した人々を対象として，仮に高校卒業後の進路をやり直せる場合，どのような選択をするかを質問紙によって尋ね，得られた回答を図示したものである。日本社会の特殊性を際立たせるような傾向が，この図に表れている。全般的には「同じ大学の同じ専攻分野」とする回答の割合が大きく，9カ国で50％を上回っている。にもかかわらず，日本の場合，「同じ大学の同じ専攻分野」とする回答の割合は約31％と最も小さく，「違う大学の違う専攻分野」の割合が約37％とOECDに加盟する11カ国で最大となっている。ここからは，日本の大学教育が卒業生から否定的に評価されている可能性が疑われるかもしれない。だが，日本の大卒者が大学教育に意義を認めていないのであれば，「いずれにも進学しない」を選択するはずである。ところが，「いずれにも進学

第 2 節　マスからユニバーサルへ

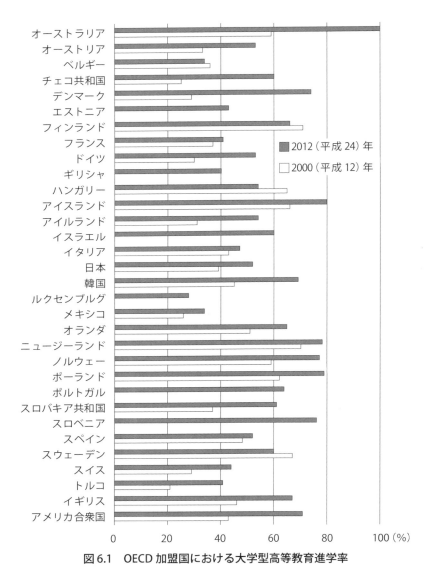

図 6.1　OECD 加盟国における大学型高等教育進学率

（出所）OECD 編『図表でみる教育』（明石書店）2002・2014 年版より作成。
　　　　なお，留学生数については調整していない。

表6.1 OECD加盟国における公財政教育支出（高等教育段階）の推移（％）

	一般政府総支出				国内総生産（GDP）			
	1995 (H7)	2000 (H12)	2005 (H17)	2010 (H22)	1995 (H7)	2000 (H12)	2005 (H17)	2010 (H22)
オーストラリア	13.8	14.3	14.6	15.2	4.8	4.6	4.5	5.1
オーストリア	10.8	10.7	10.9	11.2	6.1	5.6	5.4	5.9
ベルギー	—	12.0	11.4	12.5	—	5.9	5.9	6.6
カナダ	12.7	12.4	11.8	13.2	6.2	5.1	5.1	5.2
チェコ共和国	8.7	9.5	9.8	9.7	4.5	3.8	4.1	4.2
デンマーク	12.3	15.4	15.7	15.3	7.3	8.3	8.3	8.8
エストニア	13.9	14.8	14.5	14.0	5.8	5.4	4.9	5.7
フィンランド	11.1	12.5	12.6	12.3	6.8	6.0	6.3	6.8
フランス	11.5	11.6	10.6	10.4	6.3	6.0	5.7	5.9
ドイツ	8.6	10.1	9.8	10.6	4.7	4.6	4.6	5.1
ギリシャ	5.6	7.3	—	—	2.6	3.4	4.1	—
ハンガリー	9.4	10.4	10.9	9.8	5.3	5.0	5.5	4.9
アイスランド	—	15.9	18.0	14.7	—	6.7	7.6	7.6
アイルランド	12.2	13.7	14.0	9.8	5.0	4.2	4.7	6.4
イスラエル	12.7	13.4	12.3	13.2	6.6	6.3	5.6	5.6
イタリア	9.0	9.8	9.2	8.9	4.7	4.5	4.4	4.5
日本	9.7	9.5	9.1	9.3	3.6	3.6	3.5	3.8
韓国		16.6	14.9	16.2		3.7	4.0	4.9
メキシコ	22.2	23.4	23.4	20.6	4.2	4.4	5.0	5.3
オランダ	9.1	11.2	12.2	11.6	5.1	5.0	5.5	6.0
ニュージーランド	16.5	—	15.5	20.0	5.6	6.7	6.0	7.1
ノルウェー	15.6	14.0	16.7	15.2	7.9	5.9	7.0	8.8
ポーランド	11.9	12.7	12.6	11.4	5.2	5.0	5.5	5.2
ポルトガル	11.9	12.7	11.4	10.9	4.9	5.2	5.2	5.6
スロバキア共和国	9.4	7.5	10.1	10.6	4.6	3.9	3.8	4.2
スロベニア	—	—	12.7	11.3	—	—	5.7	5.7
スペイン	10.3	10.9	11.0	10.7	4.6	4.3	4.2	5.0
スウェーデン	10.9	13.0	12.8	13.3	7.1	7.2	6.9	7.0
スイス	13.0	15.1	12.7	15.8	5.5	5.2	5.7	5.2
イギリス	11.4	11.0	11.8	11.9	5.0	4.3	5.2	5.9
アメリカ合衆国	12.5	14.4	13.6	12.7	4.7	4.9	5.0	5.2

（出所）図6.1に同じ。

第2節　マスからユニバーサルへ

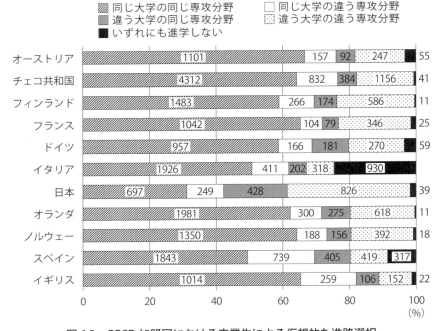

図 6.2　OECD 加盟国における卒業生による仮想的な進路選択
(出所) 村山 (2009: 60) より作成。

しない」とする回答の割合は約2%でしかない。「同じ大学の同じ専攻分野」の割合が50%に達していながら，同時に「いずれにも進学しない」の割合が20%を超えるイタリアとは，好対照をなしている。

村山 (2009: 67, 68) では，卒業した大学の選抜性が高いと自負する大卒者が「同じ大学の同じ専攻分野」と回答する傾向は，日本の大卒者に最も顕著に表れることが明らかになっている (村山 2009: 67,68)。なお，日本の大学は，入学者選抜の偏差値によって相対的に小刻みに序列化されている (竹内 1995: 93-96)。こうした日本における組織構造的な選抜の特徴は，選抜性の高い大卒者に「同じ大学の同じ専攻分野」を選択させ，選抜性が高くない大卒者に対しては「もう少し偏差値の高い大学に行っていれば……」といった反実仮想を抱かせる。好き嫌いが明白に分かれるよう大学が制度化されてい

るのがイタリアの社会であるとすれば，さしずめ日本は，大学教育の機会を供給するシステム自体は受容されていながら，「もう少し偏差値の高い大学に行っていれば……」といった反実仮想が生じやすい社会であることになる。

2. 地域社会と大学進学

　阿部真大（2013: 12-14, 30-36）は，地域の若者の間に消費行動を誘発する中核的な存在として大規模ショッピングモールに注目し，余暇の中心地が大都市から「ほどほどに楽しめる」地方都市へと移行していると論じた。高等教育においては，私立大学の新増設が大都市中心に進められ，中央教育審議会の答申を受けて旧文部省が設けた高等教育懇談会は，1973（昭和48）年に大学進学率の地域間格差を是正する方針を示している（黒羽 1993: 108）。

　ショッピングモールの全国展開と同様，大学が質の面では「ほどほど」に，量的な発展を基本的として拡大を遂げるものであったならば，それに対応して大卒者の満足感も「ほどほど」となる。高校卒業後の進路選択をやり直すとすれば，反実仮想的になりやすいだろう。大都市から地方都市への余暇の移行には，若者が友人関係や家族関係を重視するがゆえに生じた現象である以外に，地方の若者にとって構造的に与えられた適応のオプションでしかなかった可能性がある。進路選択の過程で，若者は慣れ親しんだ地方都市に残留するか地域間移動するかを迫られる。選択した進路が教育や職業による地位達成を断念して地方都市に残留するものであった場合，若者には不協和がもたらされる。フェスティンガーは，そのような不協和を低減するために，①行動に関する認知要素を変える，②環境に関する認知を変える，③新しい認知要素を付加する，の3つの方法が採用されるとしている（Festinger 1957 = 1965: 19-24）。機会に恵まれない地方の若者には，友人関係や家族関係を重視することで不協和の逓減を試み，地方都市が「ほどほどに楽しめる」よう，認知を変えるケースがあると考えられる。

　図6.3は，〈高校所在地内の大学入学者数／高校所在地内外の大学入学者数×100〉により，都道府県ごとに算出した地元大学進学率の推移を，九つの地方区分別に示している。他の都道府県への自宅通学が限りなく不可能に

第2節 マスからユニバーサルへ

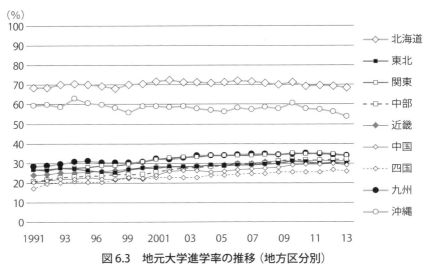

図6.3 地元大学進学率の推移（地方区分別）

（出所）文部科学省「学校基本調査」（出身高校の所在地県別入学者数）より作成。

近い北海道と沖縄で，地元大学進学率の高さが目立っている。また，地元大学進学率が最も高い北海道は時系列的にほとんど変化がなく，次いで地元大学進学率が高い沖縄では，むしろ若者が地元の外へと流出するようになっている。東北，関東，中部，近畿，中国，四国，九州に関しては，地元大学進学率が上昇しているものの，ごく緩やかで小さな変化でしかない。

　全国展開されるようになったショッピングモールは，自家用車を所有してさえいれば容易にアクセスできる。これに対し，大学進学には機会費用が伴われるばかりでなく，学生募集定員が設けられ，入学者選抜に合格しなければならず，無制限にアクセスできるわけではない。すなわち，地元大学への進学行動には，家計の教育費負担能力，地元大学の質的・量的な収容力が少なからず制約的な影響力をおよぼしている。

　地元大学への進学率と収容率の推移を，政令指定都市を含む都道府県とその他の県別に示したものが**表6.2**である。地元大学収容率には，〈高校所在地内外の大学入学者数／大学所在地の大学入学者数×100〉を都道府県ごとに算出した値を用いている。地元大学収容率が100に近いほど需要と供給は

表6.2 地元大学への進学率および収容率の推移（平均値と標準偏差）

年度	政令指定都市を含む都道府県				その他の県			
	地元大学進学率		地元大学収容率		地元大学進学率		地元大学収容率	
	平均	標準偏差	平均	標準偏差	平均	標準偏差	平均	標準偏差
2014	49	13.62	105	39.43	24	9.54	174	48.03
2013	49	13.64	105	41.00	24	9.81	176	47.26
2012	49	13.75	105	43.95	24	9.64	177	49.52
2011	49	13.71	104	42.60	25	9.64	179	48.55
2010	50	13.90	104	44.67	24	10.09	181	50.35
2009	49	13.69	105	45.22	24	9.54	182	47.33
2008	49	14.10	106	47.91	23	9.56	185	49.30
2007	49	14.18	106	48.27	23	9.57	187	50.42
2006	48	13.97	105	46.37	23	9.53	183	49.97
2005	48	13.96	103	43.79	23	9.53	182	50.64
2004	48	13.61	103	43.70	22	9.67	182	48.84
2003	47	14.09	103	45.39	22	9.67	185	50.12
2002	47	14.04	103	45.98	22	9.76	187	50.59
2001	47	14.52	104	47.11	21	9.97	189	53.82
2000	46	14.54	105	48.76	21	10.06	190	51.69
1999	45	14.70	106	50.59	20	10.07	188	50.86
1998	44	14.56	107	51.63	20	9.45	187	52.98
1997	43	14.55	107	53.16	19	9.83	186	46.71
1996	43	14.92	107	53.74	19	10.15	192	54.18
1995	43	15.18	106	53.73	19	10.38	192	52.39
1994	42	15.55	108	56.05	20	10.66	183	53.94
1993	42	16.12	111	61.71	19	9.98	191	50.14
1992	40	16.12	112	62.39	18	10.05	194	60.40
1991	40	17.21	113	60.95	18	10.03	201	66.78

（出所）文部科学省「学校基本調査」「出身高校の所在地県別入学者数」より作成。

一致し，100を上回れば供給過少，100を下回れば供給過剰となる。表からは，地元大学進学率が時系列的に上昇し，地元大学収容率も需要と供給が一致に向かう傾向にあることがわかる。個々のデータ間にあるばらつきの指標である標準偏差を参照しても，概ね縮小している[3]。だが，政令指定都市を含む都道府県とその他の県を比較してみると，地元大学進学率，地元大学収容率のいずれの値にも，大きな落差が生じている。政令指定都市を含む都道府県には大都市が多く，その他の県では地方都市が多くなると考えれば，大都市の方が地方都市より地元大学への進学行動をもたらしやすく，そうした進学行動を支えるだけの収容力が地元大学に備わっていることになる。

　大学教育の機会を地元大学進学率，地元大学収容率という量的な側面に限定しても，大都市と地方都市の間には大きな不平等格差が今なお残存する。このような地域間の教育機会をめぐる不平等格差が是正されるべき課題にならなくなったのは，18歳人口の減少といったマクロ的な変化ばかりでなく，友人関係や家族関係を重視して地元に残留する地方都市の若者の存在が少なからず関係しているのではないか。教育が単なる地位達成の手段でしかなければ，機会を均等化しさえすれば事足りるが，地域社会の実態はそうではない。片瀬・阿部（1997: 172, 176）は，教育に地位達成の手段というより，教養主義的な価値を与えている漁業・水産加工業の地域社会に注目し，学歴主義の相対的な遅れが生じる過程を描いている。大学教育の機会を享受する大学生もまた，政治的・社会的な文脈に応じて大学に与える価値を変え，大学に変化を迫ってきた。しかしながら，大学が変容していく過程で生じた若者の諸変化には，やがて日本の社会にもたらされる深刻な危機が隠されていたのである。

第3節　大学と若者

　1970年代から1980年代のアメリカ合衆国には，氷山に衝突して沈没するのなら，それまで快楽を享受しようとする「タイタニック・メンタリティ」

が若者の間に広がっていたという。竹内（2008：186）は，日本の大学生文化から教養主義が消滅する1970年代，「しらけ世代」と呼ばれた若者に似通った気質をみている。1970年代に消滅したはずの教養主義は，1980年代にフランス現代思想の構造主義やポスト構造主義を纏って復興したが，人格主義や社会改良主義が脱色された徒花でしかなかった（同上：187）。

1. 大衆文化と「反知性主義」

1880年代末，生業も資産もない暴力的・政治的な浮浪の徒とされた明治期の若者「壮士」を退ける政治戦略が企てられる。若者を来るべき未来のために準備する「青年」へと仕立て上げ，非政治化することが目指されたのである（木村 1998: 109-112, 257-260）。若者を非政治化する手段となったのは，政治小説の短絡性を否定する近代小説，政治的な色彩の濃い法学から実学への価値転換，細やかな気配りに支配された寄宿舎であった（同上：235, 267, 274）。若者の反体制・反権力のエネルギーは，巧妙な非政治化のテクノロジーを通して統制され，若者としての実践は変貌を遂げてきた。

若者が脱文化を意識し，特異な風俗や嗜好を誇示する姿に「若者文化」をみた松原（1985: 64, 65）は，「若者文化」の本格化を，欧米とさほど変わらない1960年代の中頃としている。「原宿族」や「ヒッピー」などの風俗，グループ・サウンズにフォーク・ソングといった音楽が，本格的に表出された「若者文化」であるとされ，幻滅と憤怒に支えられた激しい大学紛争を経て，1970年代以降，「若者文化」は商業主義下で売り込まれた大衆文化に組み込まれていく（同上：70）。大人たちは，反体制・反権力のエネルギーを緩衝するため，若者に対して物わかりのよさで応じようとしたのである（同上：67）。

竹内（2008：13）は，大衆社会においては学問をめぐる実践がエリート主義や知識人との決別を選ぶ「学問の下流化」が起こると同時に，専門分化した学会を通して内輪消費に終始する学術へと自閉化していく「学問のオタク化」が進行するとした。「学問のオタク化」は，異端を排除することで多様性による恩恵が失われる「知の官僚制化」をもたらす（同上：14）。学問の方法的営為は，ただ変えるだけに終われば，却って知的な若者の冒険心や興奮を削

第3節　大学と若者

いでしまい，「しらけ」となって沈殿する。学歴エリートとなった若者は，大衆化された「優等生」として実践する巧妙さによって，大人社会に応じようとしたのである。

　村上龍の小説に，中東地域で地雷処理に従事する 16 歳の日本人少年による発砲事件を契機として，「この国には希望だけがない」と，業を煮やした私立中学校の生徒が 80 万人規模の集団不登校を引き起こす『希望の国のエクソダス』(集英社文庫)がある。村上が，高校生や大学生ではなく，中学生を集団不登校の主体に選んだのは，恐らく奇を衒ったのではない。第 4 章で述べたように，高校紛争や大学紛争が鎮圧された後，「受験体制」へと組み込まれ，非政治化された大学生や高校生は，社会運動の主体としてのリアリティを喪失していたのである。

　若手社会学者の古市憲寿 (2011: 102-109) は，将来への希望が潰えてしまい，今ある幸福に甘んじるしかなくなった若者が幸福感を高め，友人関係を幸福感の源泉にしていると主張する。前節で述べた通り，ショッピングモールが全国展開され，地元大学進学が大都市を中心に易化していく地域社会の変化もまた，若者の間に「ほどほど」の幸福感を増大させる構造的な要因になっているかもしれない。「ほどほど」の幸福感を味わえるのであれば，社会状況を変革しようとする試みは，若者にとって不合理に感じられるだろうが，幸福感が「ほどほど」であるだけに，若者は自らがおかれた社会状況を必死で維持しようという気にもなるまい。幸福感を左右するのが友人関係であり，「ほどほど」の幸福感に馴致化されている若者にとって，社会改良のような不合理を可能にするエネルギーとは狂気の入り混じった精神主義に等しい。さらに，その精神主義を友人たちと分かち合えなければ，社会改良のリスクは相当に大きなものになってしまう。

　精神科医である斎藤環は，「気合」のような「玉砕」に通じる一種の精神主義を中核とし，友人関係，家族関係を重視する「ヤンキー」の美学が，「オタク」の文化と並んで，一般人にまで浸透し，拡散したのが今日の社会なのだと診断する (斎藤 2012: 36, 110)。「ヤンキー」の美学をどこか装った大学生や文化人は，さほど珍しい存在ではなくなっている。しかしながら，「ヤ

ンキー」の美学は素朴で世俗的な情緒に依拠しており，しばしば知的な理解を頑なに否認する極端な「反知性主義」に走る危険性がある（同上：129-137）。アメリカの歴史家リチャード・ホーフスタッター（Richard Hofstadter）によれば，「反知性主義」という言葉が定着したのは，実業界が息を吹き返し，旧ソビエト連邦による人工衛星スプートニクの打ち上げに国民の虚栄心が傷ついた1950年代であった。ただし，「反知性主義」の気質そのものは，アメリカが国家として確立する以前から，周期的に変動しながら存在したとホーフスタッターはみている（Hofstadter 1963＝2003: 3-6）。

2. キャンパスの包囲網

　1980年代初頭のアメリカ高等教育界に，若年人口の減少，予算の削減，就職市場の悪化が「大学淘汰」という新しい危機をもたらした（喜多村 1990: 10）。危機の時代に発展を遂げた教授の教員研修は，「ファカルティ・ディベロプメント」（以下，「FD」）と称された。「FD」が高等教育政策を経由して日本の大学に移入されるようになったのは，18歳人口の減少期を迎えた1990年代であった[4]。1998（平成10）年に「FD」を実施する努力義務が定められ，2007（平成19）年に大学院で，2008（平成20）年には学士課程で義務化されるに至っている。

　デイヴィッド・リースマン（David Riesman）によれば，学問に意欲を示さない若者を顧客の如く手厚く遇する「学生消費者主義」が浸透することで，教育関係の諸団体，コンサルティング会社が研究所を設立し，教授法への助言や研修に従事するようになった（Riesman 1981＝1986: 135）。だが，ネイドゥとジャーミソンは，「学生消費者主義」に対して，大学生をエンパワメントするのではなく，むしろ学問の方法的営為を脅かすとしている（Naidodo & Jamieson 2006＝2012: 237）。リースマンも，「学生消費者主義」に依拠した「FD」によって，教授法の明らかな欠点が改善され，教員は大学生に配慮するようになったことを認めながら，教授スタイルを画一化させる可能性があるとして注意を喚起した（Riesman 1981＝1986: 219-220）。また，コミュニティ・カレッジが拡大し，名門大学出身者が教員に採用されていったものの，

第3節　大学と若者

伝達する内容の水準を引き上げようとする試みは「反知性主義」の洗礼を受け，失望に終わるとしている（同上：173）。アラン・ブルーム（Allan Bloom）に至っては，アメリカが抱える教育の問題を，行政や財政，基礎学力，さらに教授法に還元する説明について，「通俗的」であるとして退ける（Bloom 1987＝1988: 346）。

　これらの批判的な見解が正しいとすれば，なぜ「FD」が日本の高等教育に移入されたのかが解明されるべき論点となる。有本章（2005: 201）によれば，政府主導による外圧なしに「FD」が日本の大学に浸透することはなく，理念と現実の間で葛藤する「中途半端」なものとして制度化されている。にもかかわらず，教員相互の授業参観，教育方法改善の研修，講演会に限っても，「FD」を実施する大学は，2012（平成24）年の時点で約45～65％におよぶ[5]。中途半端に制度化された「FD」ではあったが，第三者評価制度が導入され，大学運営の財務パフォーマンスの改善を求められるようになった大学は，先進的な大学改革に配分される競争的資金による財政支援を通して，「FD」に順応していった（村山 2013: 73, 74）。

　大学紛争以降，大学に「FD」が移入されるまでの期間に生じた大学生の変化も，「FD」の制度化にとって露払いの役割を担ったと考えられる。図6.4～図6.6bは，日本私立大学連盟による「学生生活実態調査」の結果である。図6.4は，大学生が悩みや不安を抱かなくなっていく傾向を示しており，図6.5と図6.6aからは，大学の授業に出席し，大学のクラブ・サークル活動に参加するようになった大学生の姿が浮かび上がる[6]。大学生が所属する団体については，図6.6bに示すように，芸術・文化系の割合が減少し，スポーツ系の割合が増加する傾向にある。芸術・文化系が敬遠されるようになった原因の一端は，大学紛争が連合赤軍や内ゲバの記憶，進歩的文化人への幻滅を残して鎮静化され，自己の存在確認欲求を政治や社会から切り離す慣習や言説がもたらされたことに求められるかもしれない（小熊 2009: 786-792）。大学生の間に生じたキャンパスライフをめぐる実践に，大学紛争当時，大学生が抱えていた幻滅や憤怒，他人を蹴落として大学生になった罪悪感が時間の経過に従って逓減し，大学へ順応していく様子が顕在化している。

第 6 章　大学の変容と教授・学修のエートス

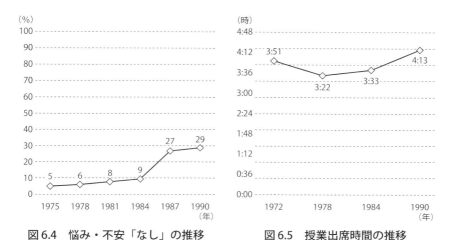

図 6.4　悩み・不安「なし」の推移　　図 6.5　授業出席時間の推移

（出所）日本私立大学連盟（1992）『キャンパスライフこの 20 年―学生生活実態調査―』（開成出版）
より作成。

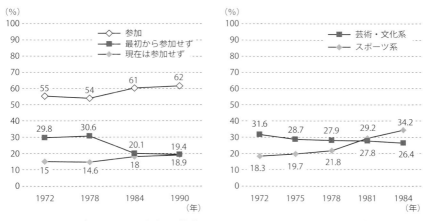

図 6.6a　クラブ・サークル参加の推移　　図 6.6b　所属団体の推移

（出所）図 6.4，6.5 に同じ。

第3節　大学と若者

　しかしながら，アルバイトにデート，クラブ・サークル活動，ダブル・スクール，旅行など，幅広い経験の蓄積が教条化した大学生は，有限な時間を有意義に過ごすため，「要領」を重視するよう変化したとされる（島田 2001: 38-44）。大学生は，大学への順応を果たしたものの，学問に冒険心や興奮を覚えるようになったわけではない。大学生が大学に順応できたのは，全国展開のショッピングモールから，地方都市の若者が「ほどほど」の幸福感を得るのと同じ要領で，「ほどほど」の幸福感が得られるよう，理念と現実を折り合わせたからにすぎない。だからこそ，「FD」が中途半端に制度化されたものでしかなかったとしても，大学生への配慮を装ったテクノロジーであり続ける限り，大学生の幻滅は最小化され，激しい憤怒へと再び転化することはなかった。

3.　大学の「学生参加」と国家統制

　トロウは，高等教育がマス段階に入り，さまざまな社会的背景をもつ若者が大学生として高等教育を享受するようになると，伝統的な価値，大学人が暗黙裡に運用していた前提に対して闘争を試み，大学生が大学における機関決定に参加する権利を要求してくると予言した（Trow 1973 = 1976: 79）。

　井上義和（2013: 171）は，「学生参加」を主題化した雑誌記事には，1969（昭和44）年前後の大学紛争を背景とした一過性の増加と，欧州高等教育圏の創設に向けた「ボローニャ宣言」が採択された1990年代末以降の増加があることを示している。また，大学生を大学構成員とみなす理念が，大学生への権限分与というより，「質保証」や「市民性教育」を政策的に要請するものであると指摘している（同上: 192）。

　潮木守一（2004: 77, 78）によれば，第二次世界大戦後の1947（昭和22）年から1968（昭和43）年まで存在した「ベルリン自由大学」では，発足当初から大学生2名が評議会に加えられていたが，大学生を機関決定に参加させる「学生参加」は稀である。日本の高等教育政策における「学生参加」の脈絡では，双方向型の能動的な大学生の参加への転換が唱導されている程度でしかない[7]。だが，リースマンは，権限分与を伴わない「学生参加」に警鐘を鳴らした。

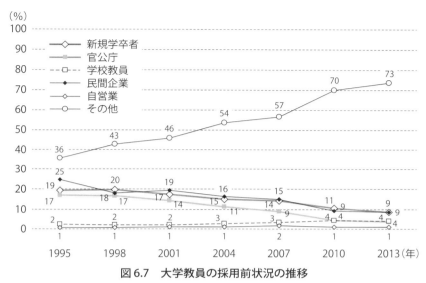

図6.7 大学教員の採用前状況の推移

(出所) 文部科学省『学校教員統計調査』「採用前の状況別採用教員数」より作成。

大学生数が激減することで教授の終身在職権が脅かされ，大学生による教員評価が学内の派閥，教授と大学生の共同組織に操作される危険性が高まりつつあるというのである（Riesman 1981 = 1986: 214）。

　日本の大学教員が大学に採用されるまでの経路がどのように変化してきたのかを，図6.7に示す。大学院修了者など新規学卒者の割合が減少し，その他（研究所のポストドクターや研究員，臨床医などが含まれる）の割合が劇的に増大している。このように，大学に採用されるまでの年数が延長されており，さらに有期雇用が多くなる傾向にあることを考慮すれば，採用後も有形無形の評価を受け続けなければならず，大学教員の多くは大学生の教員評価を意識せずにはいられない。

　大学生を含む教授団以外の勢力が政府や議会を動かし，新しい大学法を制定した欧州に対して，教授団支配が相対的に弱い日本の場合，「学生参加」は大学を統制するための戦略的な大学改革として期待されなかった（井上 2013: 183）。それどころか，学長のリーダーシップによる合意形成を可能に

する「ガバナンス」を不可欠とする答申が，2012（平成24）年に中央教育審議会から提出された。2014（平成26）年には，教授会の審議権を制限し，国立大学においては学長の選考を学長選考会議に委ねるよう徹底する法改正が象徴的に行われている。これらの法改正は事実上，憲法に規定される学問の自由を保障するための「大学の自治」を葬り去ることを意味したが，学協会をはじめ，大学界からの抗議は弱々しいものでしかなかった[8]。教授会自治は国立大学に多いガバナンスの形態ではあるが，決して一般化されておらず，最高経営層へ集権化する可能性すらある（村山 2014: 81）。ここに法改正による一撃を加え，教授会自治の弱体化を加速させることで，国家による大学の統制は限りなく完成に近づいた。大学のガバナンス改革を通して，大学の機関決定に大学生を参加させる「学生参加」の大学改革は，大学を統制する戦略的意義を大きく減じたことになる。「学生参加」の大学改革には，従来の教授法を部分的に加工した双方向型の教授・学修か，教授・学修とは無縁な利用方法のいずれかしか選ぶ道がない。

　大学生の間に民主主義的傾向を醸成しようと試みたワイマール時代のドイツでは，大学生を積極的に組織化した。1920（大正9）年のプロイセンの訓令は，大学生の自治会を設ける権利のみならず，全国規模の大学生組織を結成する権利まで与えている（Ringer 1969＝1991: 42-45）。こうした大学生組織を手懐けるべく，1929（昭和4）年にナチスは攻勢をかけ，国家主義者や民族主義者から支持を獲得していった（同上: 168）。独裁指導者原理に通じる第三帝国の思想は，腐敗した社会を打倒し，新たな国民共同体を創設すべきとする大学生の間で凱歌を奏したが，革命が成し遂げられるまでの短い間，政治的武器として利用されたにすぎなかった（同上: 297, 298）[9]。

　教員と大学生が共同して大学を運営することを理念とした「ベルリン自由大学」も，教員と大学生間の連帯は無惨に崩れ去り，1968（昭和43）年の創設20周年記念日に学長が発したのは，学生の個人的テロに警戒するようにとの，教授たちの家族に対する警告であった（潮木 2004: 79）。

第4節　モラトリアムする社会──看過されたユニバーサル化の陥穽

　若者が大学に順応するようになったことで，若者のエネルギーをいかに統制し，何に向けて発散させるかは，もはや大学の課題として成立しなくなった。エリートからマスへの移行過程で大学生の間に葛藤が生じていたのに加え，国家や権威に対抗する集合的な自己表現であった大学紛争の顛末を目の当たりにした若者が，権力への対抗に意義や魅力を見出せなくなるのは，無理からぬことであった[10]。若者を非政治化する意味では，結果的に大学紛争は絶大な影響力を発揮したことになる。しかしながら，大学紛争に参加した大学生は，むしろ機動隊の盾のごとく乗り越えるべき壁となる対抗相手であるかどうか，大人たちを品定めしていた節があった（小熊 2009: 787-789）。高校紛争では，警官隊や退学処分で生徒たちは鎮圧され，1980年代初頭の中学校で頻発した校内暴力も，管理統制の強化によって表面的に沈黙させられている（同上: 11, 77）。これらの若者を相手とした政治戦略からは，若者を「青年」へと非政治化した明治期ほど，啓蒙的な意匠を嗅ぎ取りにくい。

　皮肉なことに，大学紛争を契機として，若者が乗り越えるべき壁に対抗する術を獲得する学習の機会は大きく失われた。大学紛争，高校紛争に参加し，苦々しくも濃密な経験と教訓を得たはずであろう世代も，その多くは還暦を迎え，現役を退いている。

　エリートからマスへ至る過程で大きな葛藤を経験した大学は，さらにユニバーサルへと段階移行を果たした。だが，ブルームは，高学歴化によって家庭の権威が弱まり，民主主義が理論的生活に対する思考や適性の欠如を招いたとしている（Bloom 1987＝1988: 53, 280）。専門的訓練を受けてはいるが，教育の幅が狭く，道徳や政治，宗教の知識を備えているわけではないというのである（同上: 52）。同じようにオルテガ（Jose Ortega y Gasset）も，専門化の傾向から科学者が政治，芸術，社会慣習や専門外の学問に疎くなってしまい，学問を修めた者が増大した割に教養人が少ないと嘆いている（Ortega y Gasset 1930＝1995: 155-162）。

第 4 節　モラトリアムする社会

　小方直幸（2013: 58, 59）は，全国大学生調査のデータから，将来展望が大学の授業を通して開かれるよう「ほどほど」に期待する，他律志向の学習態度が大学生の間に浸透している趨勢を示している。このように未定の，多様でありうる将来を展望できる機会は，特定の職業に就くことを前提とし，かつ学術的な知識の体系に依拠したカリキュラムには馴染まない（同上: 60）。
　他律志向の学習態度は，受験勉強を中心に早期から学習の試行錯誤を効率よくルーティン化する「受験体制」に順応する過程で形成されている。大学進学の意味を不問にする学習を経て，政治や社会から切り離された若者が「受験体制」に組み込まれ，他律志向の学習態度を形成したとしても，一笑に付すことなど誰にもできまい。若者のエネルギーの統制と発散が教育の課題になる気配は相変わらず窺えないが，それは若者が「ほどほど」の期待を大学に抱き，「ほどほど」の幸福感に浸っていられる間だけの，大人によるモラトリアムである。若者はエネルギーを爆発的に発散させなくなっているだけで，エネルギー自体が雲散霧消したわけでは決してない。
　石戸教嗣（1995: 18, 19, 26）は，学歴を，教育システムにとっての代用的なコミュニケーション・メディアであるとし，代替できるメディアが他になければ，換算されるメディアの価値が低くても，アイデンティティを獲得するための疑似的な手段として学歴主義が存続すると述べている。高校卒業後の進路選択をやり直せるとした場合，日本の大卒者が「同じ大学の同じ専攻分野」を敬遠する理由は，小刻みに序列化された入学者選抜，残存する進学機会の地域間格差が相俟って反実仮想を抱きやすくなること以外に，学歴の疑似アイデンティティ化に対して無意識のうちに拒否反応を引き起こすことにあると考えられる。頑健な「受験体制」が成立している日本では，学歴を代替するメディアが脆弱なものにしかならず，学歴をアイデンティティ獲得の疑似的な手段とする圧力が強くなる。しかしながら，小刻みに序列化された大学の階梯を下っていくにつれて，学歴によって獲得されるを疑似アイデンティティは消極的な性格を帯びていく。疑似的にではあれ，消極的なアイデンティティが積極的に獲得される事態とは矛盾でしかなく，学歴は「ほどほど」に拒否され続ける。

ニクラス・ルーマン（Niklas Luhman）によれば，決定にかかる手続きの機能は，不可避的に生じる失意や不満を私的なルサンチマンへと変換することにあるが，変換に至るまでの学習経過は計算不可能である（Luhmann 1983＝1990: 23）。学歴を疑似アイデンティティ化するよう迫られる過程に生じる「ほどほど」の拒否反応には，失意や不満が秘められている。私的なルサンチマンに変換できなかった失意や不満は，新たな学習の目的地を求め始める。新たな学習の過程で，苦いだけの経験を重ね，知的な理解に意味を発見できなければ，やがて若者は「反知性主義」へと漂着する。大人によるモラトリアムが，厚い層をなす「反知性主義」を滞留させるようになっていったとしても，何ら驚くべきことではない。

　ホーフスタッターが，1950年代のアメリカにおける「反知性主義」の浸透に対し，知識人たちが反撃することなく体制に順応し始めたと述べてから，すでに半世紀以上もの時間が経過した（Hofstadter 1963＝2003: 343）。大学の諸改革がもたらした教授・学修は，今や反省されるべき深刻な矛盾を抱えるようになった。「学問の府」，「最高学府」に対して社会が付与し，大学人が継承すべき価値や伝統，そして国家権力との関係性には，再構成が迫られている。

　フランスの社会史家クリストフ・シャルル（Christophe Charle）によれば，ドイツでは大学の危機にもかかわらず，大学人が自らの社会的機能を問い直すことなく，ナチスによる全面統制を許したのに対し，フランスでは最良の職業的習慣を保持しえたドレフュス派知識人が世論の熱狂に対抗し，「真実」を探求するモデルであり続けている（Charle 1990＝2006: 264-267）。

　　　　　　　　　　　　　　　　　　　　　　　　　　　　［村山　詩帆］

● **考えてみよう！**

▶ 大学生が大学にどのように参加すれば，「質保証」に繋がり，「市民性教育」が成立することになるだろうか。
▶ 学生団体が主催する社会運動には，日本国憲法が保障する諸権利にとって，いかなる意義が認められるだろうか。

● **注**

1) 財務官僚の神田眞人 (2014: 169) は，公財政支出統計に含まれない私的部門補助の割合が OECD 平均より高く，私的部門補助を含めた在学者一人当たり支援を国民一人当たり GDP 比で比較した場合，OECD 平均以下ではあるが，アメリカ合衆国と遜色ないとしている。
2) 「同じ大学の同じ専攻分野」は，大学教育の便益に対する評価が高い卒業生ほど選択しやすい傾向にあるが，その効果は11カ国で日本が最も小さく，ホワイトカラー雇用上層への就職も「同じ大学の同じ専攻分野」に必ずしも繋がっていない（村山 2009: 70）。
3) 地元大学進学率と地元大学収容率の間にある関係について，−1から1の値をとる相関係数によって示しておくと，政令指定都市を含む都道府県は−0.82，その他の県は−0.85となる。
4) 有本 (2005: 189,190) は，欧州全域で「FD」より事務職員を包含する「SD」(Staff Development) が用語として用いられており，教育運動にイギリスとアメリカを起源とする二つの系譜があるとしている。
5) 詳細については，文部科学省高等教育局大学振興課大学改革推進室「大学における教育内容等の改革状況について（概要）」(2014: 27) を参照のこと。
6) 苅谷 (2013: 183-185) は，日本では選抜性の低い大学で出席率が高く，選抜性の高い大学では却って出席率が低くなる傾向を示し，アメリカやイギリスとは対照的であるとしている。
7) たとえば，中央教育審議会「新たな未来を築くための大学教育の質的転換に向けて〜生涯学び続け，主体的に考える力を育成する大学へ（答申）〜」(2012: 9) を参照されたい。
8) 国立大学法人を正会員とする一般社団法人である国立大学協会からは，中央教育審議会による審議まとめ「大学のガバナンス改革の推進について」を「評価

第 6 章　大学の変容と教授・学修のエートス

できる一歩」とし,「基盤的経費,競争的経費の両方を含む高等教育への財政措置」を求める会長コメントが出されている。
9) 1932 (昭和 7) 年にはドイツ大学連盟の集会で乱暴狼藉をはたらくナチス系大学生を退学処分にする決議案が提出されたが,教育学者のシュプランガーは「愛国的な学生の運動はいまだ根が純粋であり,ただ形の上で規律がないだけだ」として決議案に反対している (Ringer 1969＝1991: 297)。日本においても近年,根拠のない偏った慰安婦問題を大学の授業で扱ったとする投稿が新聞紙上に掲載され,担当教員へのインターネットにおける誹謗中傷と脅迫電話を引き起こしたという (崔 2014: 84-86)。投稿したのは大学生で,その後も授業中に持論を書き連ねた紙を読み上げ,押し問答になっている (同上 : 93-95)。
10) 村上龍は,『69 (sixty nine)』の「あとがき」で次のように述べている。

　"楽しんで生きないのは,罪なことだ。わたしは,高校時代にわたしを傷つけた教師のことを今でも忘れていない。
　数少ない例外の教師を除いて,彼らは本当に大切なものをわたしから奪おうとした。
　彼らは人間を家畜へと変える仕事を飽きずに続ける「退屈」の象徴だった。
　そんな状況は,今でも変わっていないし,もっとひどくなっているはずだ。
　だが,いつの時代にあっても,教師や刑事という権力の手先は手強いものだ。
　彼らをただ殴っても結局こちらが損をすることになる。
　唯一の復しゅうの方法は,彼らよりも楽しく生きることだと思う。
　楽しく生きるためにはエネルギーがいる。
　戦いである。"

（傍点筆者）

● 引用・参考文献
阿部真大 (2013)『地方にこもる若者たち──都会と田舎の間に出現した新しい社会』朝日新聞社
有本章 (2005)『大学教授職と FD──アメリカと日本』東信堂
Bloom, A. (1987) *The Closing of The American Mind*, Simon & Schuster Inc., New York.（＝1988,菅野盾樹訳『アメリカン・マインドの終焉──文化と教育の危機』みすず書房）
Charle, C. (1990) *Naissance des "Intelectuels", 1880-1900*, Les Éditions de Minuit.（＝

2006，白鳥義彦訳『「知識人」の誕生 1880-1900』藤原書店）
崔真碩（2014）「産経事件と大学の危機」『現代思想』42（14）：84-98
Festinger, L.（1957）*A Theory of Cognitive Dissonance, Row*, Peterson and Company.（＝1965，末永俊郎監訳『認知的不協和の理論―社会心理学序説』誠信書房）
古市憲寿（2011）『絶望の国の幸福な若者たち』講談社
Hofstadter, R.（1963）*Anti-Intellectualism in American Life*, Alfred A. Knopf, Inc., New York.（＝2003，田村哲夫訳『アメリカの反知性主義』みすず書房）
井上義和（2013）「大学構成員としての学生―『学生参加』の歴史社会学的考察」広田照幸・吉田文・小林傳司・上山隆大・濱中淳子編『シリーズ大学 6 組織としての大学―役割や機能をどうみるか』岩波書店, pp.169-195
石戸教嗣（1995）「パラドックスとしての学歴主義―パーソナリティ・システムとの関わりをめぐって」『社会学評論』46：16-28
神田眞人（2014）「一公僕から見た大学」，広田照幸・吉田文・小林傳司・上山隆大・濱中淳子編『シリーズ大学 7 対話の向こうの大学像』岩波書店, pp.158-190
苅谷剛彦（2013）「高等教育システムの階層性―ニッポンの大学の謎」広田照幸・吉田　文・小林傳司・上山隆大・濱中淳子編『シリーズ大学 2 大衆化する大学―学生の多様化をどうみるか』岩波書店, pp.163-193
片瀬一男・阿部晃士（1997）「沿岸地域における学歴主義と教育達成―「利口，家もたず，達者，家もたす」」『教育社会学研究』61：163-182
木村直恵（1998）『〈青年〉の誕生―明治日本における政治的実践の転換』新曜社
喜多村和之（1990）『大学淘汰の時代―消費社会の高等教育』中央公論社
黒羽亮一（1993）『戦後大学政策の展開』玉川大学出版部
Luhmann, N.（1983）Legitimation durch Verfahren, Suhrkamp Verlag, Frankfurt am Main.（＝1990，今井弘道訳『手続を通しての正統化』風行社）
松原治郎（1985）「青年文化論」『現代のエスプリ―大学生』213：63-79
村山詩帆（2014）「大学ガバナンスにおける意思決定の分権化と集権化―権限分与の多様性と収束性」広島大学高等教育研究開発センター編『大学教育改革の実態の把握及びそれに伴う調査分析』(平成 25 年度文部科学省先導的大学改革推進委託事業・事業成果報告書)：97-86
村山詩帆（2013）「大学ガバナンスをめぐるリーダーシップの課題―指導・統制のストラテジーとその限界」広島大学高等教育研究開発センター編『大学教育改革の実態の把握及びそれに伴う調査分析』(平成 24 年度文部科学省先導的大学改革推進委託事業・事業成果報告書)：67-84
村山詩帆（2009）「大学教育の受容過程の日欧比較」吉本圭一編『企業・卒業生による大学教育の点検・評価に関する日欧比較研究』(平成 17〜20 年度　科学研究

費補助金（基盤研究 A）研究成果報告書）: 58-72
Naidodo, R. & R. N. Jamieson（2006）"Empowering Participants or Corroding Learning?: Towards a Research Agenda on the Impact of Student Consumerism in Higher Education", H. Lauder, P. Brown, J. Dillabough, A. H. Halsey（eds.）, *Education, Globalization & Social Change*, Oxford University Press: 875-884.（= 2012，橋本鉱市訳，「学生のエンパワメントか学習の崩壊か？—高等教育における学生消費者主義のインパクトに関する研究課題」広田照幸・吉田文・本田由紀編訳『グローバル化・社会変動と教育1—市場と労働の教育社会学—』東京大学出版会，pp.221-238）
小方直幸（2013）「大学における職業準備教育の系譜と行方—コンピテンスモデルのインパクト」広田照幸・吉田文・小林傳司・上山隆大・濱中淳子編『シリーズ大学5 教育する大学—何が求められているのか』岩波書店，pp.49-75
小熊英二（2009）『1968（下）—叛乱の終焉とその遺産』新曜社
小此木啓吾（1978）『モラトリアム人間の時代』中央公論社
Ortega y Gasset（1930）"La Rebelión de las Masas", en *Obras Completas*, Tomo IV, Madrid.（= 1995，神吉敬三訳『大衆の反逆』筑摩書房）
Riesman, D.（1981）*On Higher Education: The Academic Enterprise in an Era of Rising Student Consumerism*, Jossey-Bass Inc., Publishers.（= 1986，喜多村和之・江原武一・福島咲江・塩崎千枝子・玉岡賀津雄訳『高等教育論—学生消費者主義時代の大学—』玉川大学出版部）
Ringer, F. K.（1969）*The Decline of German Mandarins: The German Academic Community, 1890-1933*, Harvard University Press.（= 1991，西村稔訳『読書人の没落—世紀末から第三帝国までのドイツ知識人』名古屋大学出版会）
斎藤環（2012）『世界が土曜の夜の夢なら—ヤンキーと精神分析』角川書店
島田博司（2001）『大学授業の生態誌—「要領よく」生きようとする学生』玉川大学出版部
竹内洋（2008）『学問の下流化』中央公論新社
竹内洋（1999）『日本の近代 12-学歴貴族の栄光と挫折』中央公論新社
竹内洋（1995）『日本のメリトクラシー—構造と心性』東京大学出版会
Trow, M.（1973）"Problems in the transition from elite to mass higher education", Carnegie Commission on Higher Education, Berkeley, California: McGraw-Hill.（= 1976，天野郁夫・喜多村和之訳『高学歴社会の大学—エリートからマスへ』東京大学出版会）
潮木守一（2004）『世界の大学危機—新しい大学像を求めて』中央公論新社

● COLUMN ●

▶ ノーブレス・オブリージュ（noblesse oblige）とエリート（elite）

　"高貴なる者の義務"などと訳されるノーブレス・オブリージュだが、現代の若者が聞いたら、「何それ？」と思うに違いない。日本の場合、とくに戦前期には「末は博士か大臣か」という言説が巷でも流通していたように、威信の高い大学に進学し、功成り名遂げる立身出世の物語が、幾重にも紡がれた。たとえば竹内洋（1991）はそうした受験生の立志・苦学・出世の態様を活写してみせたが、今日では様相が一変している。

　確かに、エリート段階と呼ばれた一部の者しか高等教育機関に進学できなかった時代とは異なり、現代では選り好みさえしなければ大学進学できるユニバーサル・アクセス時代などともいわれ、やる気と機会があれば進学できるチャンスが開かれ、社会は平等化したかに見える。しかし、社会を牽引するエリートはいつの時代でも必要との考えに立てば、「日本のエリート大学層に、社会の牽引者たらんと志す若者が、どれほどいるか」と問われれば、「甚だ心許ない」と答えざるをえない。

　だが「これは若者たちに覇気ややる気が無くなって、悟って老成したからだ」などと、若者の志気に原因を求めるのは、お門違いというものだ。というのは、ブラック企業はもとよりブラックバイトまでが暗躍する現今の日本社会では、若者が社会的弱者に転落させられる構造が、埋め込まれている感があるからだ。その証左として、それ以前を生きてきた団塊世代を含む大人世代は、高度成長の流れにのって豊かさを追求・享受し、定年を迎えた後は、悠々自適の年金生活に軟着陸してしまっている。そして若者世代には、支払われるべき年金が捻出されるのかすらわからぬまま、政府が国債を累積していくなか、高齢者を支えるべく多くの若者が、労働市場へと組み込まれていく。

　ミルズ（Mills, C. W.）は、『パワーエリート』（1956）のなかで、上層部の不道徳性（ハイヤー・インモラリティー）を議論したが、権力と富の双方は、結局のところ「賢い」人間が入手することになるという。知は力（富・権力）というわけだ。社会をコントロールする当該社会の上層部が、不道徳性を発動すれば、若年世代が割を食うのは必至である。現代の日本社会の各界（政治界・経済界・医学界・法曹界など）のリーダーたちが、エリートについてリフレクションし、正しくノーブレス・オブリージュを行使することこそが、格差化を縮小させる喫緊の手立てとなろう。　　　　　　　　　　　　　　　　［腰越　滋］

＊Mills, C. W.（1956）*The Power Elite*, Oxford University Press, Inc.（＝1959、鵜飼信成・綿貫譲治訳『パワーエリート（下）』東京大学出版会）
＊竹内洋（1991）『立志・苦学・出世—受験生の社会史』講談社現代新書

第7章

危機に立つ教師
―学校組織のなかで―

● **本章のねらい** ●

　われわれにとって教師は子どもの頃から最も身近な職業の一つであり，教師の多忙状況がメディアによって報道されることも多い。しかし，われわれは教師の仕事の実態をどれくらい知っているだろうか。実際の教師は毎日どのような仕事をしているのか。また，学校組織のあり方は教師の多忙状況や働き方にどのような影響を与えているのか。この章では国内外の調査結果などから，日本の教師の仕事の実態を量的・質的に検討する。さらに，教師という職業の特質や学校組織との関係から，これからの教師の働き方について考えたい。

第1節　教師の両義性

1. 高校生から見た「先生」

　社会が教師を見る眼は複雑である。たとえば，教師は一方では高校生にとって将来「就きたい」人気の職業であるが，他方では「就きたくない」職業の代表でもあるようだ。表7.1と表7.2は全国高等学校PTA連合会とリクルートが2003（平成15）年から隔年で実施している「高校生と保護者の進路に関する意識調査」の結果である（対象は2003年が3年生，2005年以降は2年生とその保護者）。表7.1の「就きたい」職業では，教師は公務員と同様トッ

127

第1節　教師の両義性

表7.1　高校生が将来就きたい職業（上位三つ）

	2003年	2005年	2007年	2009年	2011年	2013年
1	保育士・幼稚園教諭	公務員	公務員	製造・加工・組立	公務員	公務員
2	教師	教師	看護師	公務員	保育士・幼稚園教諭	教師
3	公務員	保育士・幼稚園教諭	教師	教師	教師	看護師

（出所）リクルート『キャリアガイダンス』No.3 (2003)，No.12 (2006)，No.20 (2008)，No.30 (2010)，No.40 (2012)，No.50 (2014) より作成。

表7.2　高校生が将来就きたくない職業（上位三つ）

	2003年	2005年	2007年	2009年
1	教師	フリーター	フリーター	フリーター
2	サラリーマン・OL	政治家	教師	政治家
3	フリーター	教師	政治家	教師

（出所）リクルート『キャリアガイダンス』No.3 (2003)，No.12 (2006)，No.20 (2008)，No.30 (2010) より作成。2011年以降のデータはなし。

プクラスの人気である。表には無いが，保護者に対しても「子どもに就いてほしい」職業を聞いたところ，教師は「2位→2位→4位→3位→4位→3位」となっており保護者にも人気の職業のようだ。一方，**表7.2**の「就きたくない」職業を見ると，教師はフリーターや政治家と並ぶ最も人気の無い職業の一つにもなっている（フリーターはそもそも「職業」ではないが）。

ところで，この調査では教師という職業に「就きたい」あるいは「就きたくない」理由を自由記述で聞いている。教師という職業に「就きたい」理由を見ると，「公務員で給料が安定している」（2003・男）と他の職業と比べた場合の相対的な安定性をあげる者もいるが，「尊敬する先生に出会い，自分もそのような先生になりたい」（2003・女），「昔の担任がとてもよい人で」（2007・男），「中学の時の担任に憧れて」（2009・女）など，特定の教師との出会いから個人的な理由をあげる場合も目立つ。いずれにしても，「よく知っ

ている職業であり古くから関心があった」(2011・男),「学校の先生たちのイキイキと仕事をしている姿を見て」(2005・女)という言葉に示されているように,子どもにとって教師は親以外の最も身近な「大人」であるようだ。

　一方の「就きたくない」理由も同様に,「給料とか割に合わなそう」(2005・男)と客観的な条件をあげる者もいるが,「生徒の嫌われ者だから」(2003・女),「中学時代,教師をイマイチ信用できなかった」(2005・女)など,主観的と思われる理由が多い。やはり,「小・中・高と先生を見ていて苦労しかしていないように見える」(2003・女),「高校の先生とか見て,なんで先生なんて面倒くさいことをするんだろう」(2007・女)と普段身近に接する教師の姿をよく見ている様子がわかる。なかには,「大変そう」(2003・女),「とてもツラそう」(2005・男),「ストレスが一番たまりそう」(2007・男),「とにかく一緒に授業をしているだけでもストレスがたまるのが伝わってくる」(2009・男)など,生徒の側からも教師の多忙状況や精神的疲労を察しているような回答もあった。

2. 相反する教師へのまなざし

　これまで見てきたように,われわれのほぼ全員が学校に通った経験があり,それぞれの学校経験から教師という職業を位置づける。給料など客観的な労働条件を考慮する場合もあるが,多くの場合は個別の教師との出会いや個人的な学校経験などから,教師を尊敬し,憧れたり,逆に軽蔑し嫌悪したりもする。このように個人的な経験が大きな部分を占める点は,他の職種と比較した場合の教師に対する職業観の特徴といえるだろう。2014(平成26)年度の学校基本調査によれば幼稚園から大学までの「学校」に勤務する教員は全国で129万2,045人いる(高専は含むが専修・各種学校は含まず)。2015(平成27)年3月現在の総務省による日本の人口推計は1億2,691万人なので,実に国民のおよそ100人に1人が「先生」ということになる。同時期の労働力調査では就業者数は6,319万人なので,働く大人の約50人に1人が教師だともいえる。職業集団として決して少なくない100万人以上の教師が存在しているにもかかわらず,われわれは多くの場合これまで出会ったせいぜい数

第 1 節　教師の両義性

十人程度の教師を見て，教師という職業をさまざまに評価しているのではないだろうか。その例が先ほどの高校生調査の自由記述にも表れた教師に対する相反する感情である。

このような教師に対する相反する職業観については，アメリカの教育社会学者，ウィラード・ウォーラー（Willard Waller）によっても指摘されている。ウォーラーによれば，社会は教師に対して相反する二つの観念を抱く。一つは悪意を含んだ「漫画的な教師像」であり，もう一つは好意的な「理想化された教師像」である（Waller 1932＝1957: 524-525）。この二つめの教師像は，「ぎせい的精神に富み，穏かで，親切で，ひっこみ思案で，アクセク働き，給料は低くてもジッと辛抱して，学校のためなら「時間と金銭を惜まない」という人間」（Waller 1932＝1957: 524）として描かれている。日本においても教育社会学者の陣内靖彦は，教師が「一方で尊敬語として，他方で軽蔑語として使用される〈先生〉という言葉をその職業の別名として持っているということは，われわれのこの職業（人）に対する曖昧な姿勢を象徴的に示している」（陣内 1988: 2）と指摘した。

陣内によれば，このような教師に対する「尊敬と軽蔑の両面感情」は，戦後日本のいわゆる「55年体制」では「教師＝聖職論」（自民党・文部省）対「教師＝労働者論」（社会党・日教組）という形で見られた（陣内 1988: 3）。その後，1966（昭和41）年の「教員の地位に関する勧告」（ILO・ユネスコ）による「教師＝専門職論」の登場で両者の対立は終焉するかに思われたが，専門職としての教師像が日本社会に根づいたとはいえず，現在においてもわれわれが抱く教師に対する両義性は変化していない。つまり，われわれが理想化して描く聖職者としての教師像と，現実の生身の人間である一人の労働者としての教師像である。

われわれにとって教師は，身近な存在であるために逆に「知っているようで知らない」職業でもある。だからこそ，われわれは自分の狭い範囲の経験のみから教師を理想化したり，「こんなものだ」と決めつけたりするのではなく，現実の教師の仕事を把握する必要があるのではないか。陣内は教師に関する研究が「教師の人物論の枠にとどまっていて，その職業行為論に及ん

第 7 章　危機に立つ教師

でいないのでないか」(陣内 1988: 28) と指摘している。この章では教師の「職業行為論」という難題に挑むことまではできないが，客観的なデータをもとに可能な限り教師の仕事の実態把握を試みたい。そのために以下では，まず次の第 2 節で国内外の調査データを用いて，労働時間という「量的な」観点から教師の仕事内容を確認する。さらに，第 3 節では教師の精神的疲労という「質的な」問題を踏まえたうえで，教師の仕事の特質を「感情労働」との関係から検討する。そして，最後に第 4 節で教師が働く学校組織のあり方を通して，これからの教師の働き方を考えてみたい。

第 2 節　教師の多忙状況

1. 教師の労働時間

　日本の教師の仕事を「量的な」側面から検討するため，労働時間と仕事内容の実態を，文部科学省が 2006 (平成 18) 年に実施した「教員勤務実態調査」の結果をもとに確認していこう (実際の調査は東京大学とベネッセに委託され長期にわたって実施されているが，ここで使用するデータは小・中学校は 11 月 20 日～12 月 17 日，高等学校は 11 月 27 日～12 月 10 日に行われた調査の結果である)。

　まず，日本の教師の労働の実態を校種別に概観しておく。**図 7.1** は授業のある平日 1 日あたりの労働時間・残業時間・持帰り時間の平均を学校種別に見たものである (「労働時間」とは授業のある平日の「正規の勤務 + 残業」を指し「持帰り」を含まず)。「労働時間」は中学校教師が約 11 時間と最も長く，次いで小学校，高等学校 (以下，高校) の順になる。そのうち「残業時間」だけを見ても中学校のみが 2 時間を超え最も長い。家庭への仕事の「持帰り時間」は小学校教師が中学校よりやや多いが，これは小学校教師の女性比率が高いせいかもしれない。学校での仕事時間を見る限り中学校教師が最も「忙しい」ということになる。

　それでは，教師は学校でどのような仕事をしているのか。教師の実際の仕

第2節　教師の多忙状況

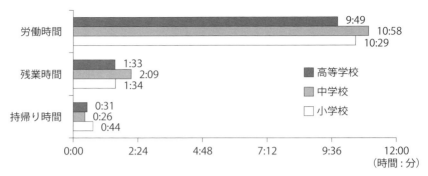

図 7.1　1日の平均労働時間（持帰り含まず）・残業時間・持帰り時間

（出所）東京大学『教員勤務実態調査（小・中学校）報告書』(2007)，Benesse 教育研究開発センター『教員勤務実態調査（高等学校）報告書』(2007) より作成。

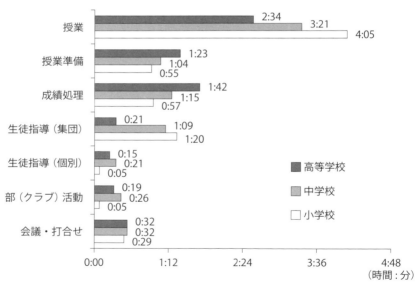

図 7.2　1日の労働時間の内訳（主な項目）

（出所）東京大学『教員勤務実態調査（小・中学校）報告書』(2007)，Benesse 教育研究開発センター『教員勤務実態調査（高等学校）報告書』(2007) より作成。

事内容を見てみよう．教師の1日の労働時間の内訳を項目別に示したものが**図7.2**である．まず校種別に比較すると，小学校は基本的に担任が全科目を担当するので「授業」と「生徒指導（集団）」の時間が他校種よりも多くなっている．中学校は「部活動」と「生徒指導（個別）」の時間が他校種よりも長い．高校は授業内容が専門的になるためか「授業準備」と「成績処理」の時間が他校種よりも多い．次に項目別に比較すると，「授業」時間は小学校＞中学校＞高校の順に多いが，「授業準備」の時間は逆に高校＞中学校＞小学校の順となる．高校教師の授業時数は少ないが，その準備に時間をかけているようだ．「生徒指導（集団）」の時間は小学校＞中学校＞高校の順に長く，「生徒指導（個別）」は中学校＞高校＞小学校の順になる．小学校教師は基本的に担当クラスの学級集団を相手にし，中学校教師は生徒指導上の問題を個別の面談などで解決しているようである．部（クラブ）活動の負担は高校より中学校でやや大きく，「会議・打合せ」の時間はすべての校種に共通して約30分となっている．

　ちなみに，図は省略するが，1日の学校での労働時間のうち「残業時間」のみの内訳を見た場合も，また家庭への「持帰り時間」の内訳を見た場合も，どちらも「授業準備」と「成績処理」の時間が中心であった．どうやら，授業前の「準備」と授業後の「処理」が勤務時間内に終わらず，残業と持帰りで行っているようだ．まず，残業時間を校種別に見ると，「授業準備」では小学校（25分），「成績処理」では中学校（34分）が最も長い．中学校教員はこれらの授業に関わる業務に加え，「部活動」（10分），「会議・打合せ」（11分）の残業時間も他の校種よりやや多い．次に，持帰り時間を校種別に見た場合は，「授業準備」（13分），「成績処理」（19分）とも，小学校教師の時間が最も長い．これは女性の割合が高い小学校教師が，学校滞在中は授業時数が多いためなかなかできない提出物の確認やコメント記入などの業務を家庭でも行っている様子が想像される．

2．日本の教師は「忙しい」か

　日本の教師の労働の実態を時間的な観点から確認したところ，校種別に見

第2節　教師の多忙状況

ると中学校教師の労働時間が最も長かった。それでは，日本で最も「忙しい」中学校教師は国際的に見るとどうなのか。OECD（経済協力開発機構）が2013（平成25）年に日本を含む34カ国の中学校（前期中等教育）教員を対象に実施した「国際教員指導環境調査」（TALIS: Teaching and Learning International Survey）の結果をもとに，日本の中学校教師の労働時間と諸外国の教師の労働時間とを比較してみよう。

通常の授業がある1週間の教師の仕事時間（週末や夜間など就業時間外を含む）の合計を示したものが図7.3である。日本の教師が通常の1週間に従事する仕事時間は53.9時間であり，参加国中唯一50時間を超え最長となっている。シンガポールなど他のアジア諸国も比較的仕事時間が長い傾向が見られるが，逆に短いのがイタリア（29.4時間）とチリ（29.2時間，参加国で最短）である。参加国の仕事時間を比較する限り，日本の中学校教師が最も「忙しい」ということになる。

それでは，「忙しい」日本の教師はいったいどのような仕事内容に時間を取られているのか。日本の教師の仕事時間の合計の内訳を，参加国平均と比較しながら項目別に示したものが図7.4である。まず，教師の仕事の中心で

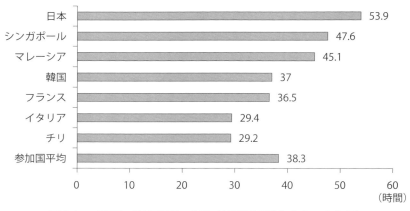

図7.3　1週間の仕事時間の合計（就業時間外を含む，主な国）

（出所）国立教育政策研究所（2014）『教員環境の国際比較』（明石書店）より作成。

第7章　危機に立つ教師

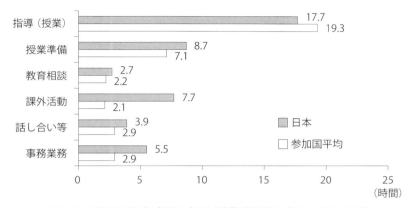

図7.4　1週間の仕事時間の内訳（就業時間外を含む，主な項目）
（出所）国立教育政策研究所（2014）『教員環境の国際比較』（明石書店）より作成。

ある「指導（授業）」の時間は17.7時間と参加国平均（19.3時間）に比べ短い。「授業準備」に費やす時間も参加国平均よりやや長い程度である。「仕事時間が最も長い割には，授業時間が平均以下」ということは，どうやら日本の教師は授業以外の業務に多くの時間を割いているようである。

その授業以外の項目を見ると，「教育相談」とは進路指導，非行防止指導などを含むので，広義の生徒指導全般と考えればよいが，こちらも参加国平均よりやや長い程度で大きな差はない。参加国平均と比べ顕著に長いのが「課外活動」の時間である。これは放課後のスポーツ活動や文化活動を指すので，部活動（クラブ活動）指導の時間と考えればよいであろう。日本の教師は7.7時間と参加国平均（2.1時間）の3倍以上の長さである。これは国内の校種間の比較でも指摘できることであるが（**図7.2**参照），国際的に見た場合も，部活動に多くの時間を費やさなければならないという事情が，日本の中学校教師の仕事の大きな特質といえる点であろう。その他の項目で参加国平均より長いものには，同僚との「話し合い等」（3.9時間），「事務業務」（5.5時間）などがある。日本の教師は，他の教員との打ち合わせ・会議や書類作成などの事務作業にも一定の時間を費やしていることがわかる。

以上，この節で見てきた教員の労働に関係する国内外の二つの調査結果を

第 2 節　教師の多忙状況

　まとめると，まず日本の教師を校種別に見た場合は，小学校や高校に比べ，中学校教師が最も「忙しい」状況であった．残業や持帰り時間には，授業準備や成績処理など授業に関係する業務を行っている場合が多かった．これは逆にいえば，正規の勤務時間中は，部活動や生徒指導，会議などで忙しく，教師のアイデンティティの拠り所となるはずの授業に関わる仕事になかなか集中できない状況を物語っている．

　次に中学校教師を国際的に比較した場合，参加国のなかでは日本の教師が最も「忙しい」という結果であった．日本の教師の実際の仕事内容を見ると，授業時間は参加国平均よりも短いが，逆に課外活動や会議・事務仕事が長いという特徴があった．諸外国と比較しても，日本の教師は授業以外の業務に多くの時間を割いている．なかでも部活動指導にかける時間は参加国平均の3倍以上であり，国際的に見た場合の日本の中学校教師の仕事内容を特徴づけている．

　これまでの分析では，国際的な調査で比較した場合，日本の教師の労働時間が参加国中で最も長いという結果であった．しかし，日本の教師の長時間労働が現実であるにしても，それは「働き過ぎの国日本の一般的傾向を，教師の場合も有している」（油布 1995: 202）だけかもしれない．参考のために，教師の労働を日本の労働者全体との関係から確認しておこう．

　総務省が2012（平成24）年に実施した「就業構造基本調査」によれば，年間就業日数が200日以上の「雇用者（役員を除く）」について1週間の就業時間を見ると，「35～42時間」が33.5％と最も多く，次いで「43～48時間」が24.5％，「49～59時間」が17.2％であった．調査の種類が異なるので単純に比較はできないが，「国際教員指導環境調査（TALIS）」では日本の中学校教師の1週間の平均労働時間は53.9時間であった．あくまでも参考として比較してみた場合，日本の教師の労働時間は，労働者全体のなかで見てもやはり短いとはいえず，むしろ長い方に属するのではないかと考えられる．

第3節　教師の仕事の特性

1. 教師の精神的疲労

　これまで主に教師の労働時間に注目してきたが，教師の仕事を労働時間という「量的な」観点のみで検討するのは，教師という職業がもつ複雑性や多様性を無視するやや乱暴な方法かもしれない。加野芳正は「教師の仕事を支えているのは，給料や労働時間ではなく，教師としての「やりがい」や「誇り」である」（加野 2010: 9）と指摘したうえで，単なる「多忙化」ではなく「多忙感」について考える場合には「労働時間の問題だけでなく，「働くこと」の質の問題が関わってくる」（同上: 14）と述べている。さらに，油布佐和子も「多忙感」と「事実としての多忙」は区別して議論しなければならないと指摘している（油布 1995: 200-201）。前節では「事実としての多忙」に注目し「量的な」観点から分析してきたが，この節では「多忙感」に関わって，教師の仕事の「質的な」問題の一つである精神的疲労の問題についても触れておこう。

　図7.5は文部科学省が毎年発表している病気休職者数とそのうち精神疾患が占める数と割合を示したものである。病気休職者数全体も精神疾患の割合も10年間で増加している。最近数年間は高水準のままほぼ変化は無く，病気休職者の約6割が精神疾患によるものとなっている。ちなみに，別のデータ（厚生労働省「平成23年度　患者調査」）も使って労働者全体と比較すると，2002（平成14）年から2011（平成23）年までの10年間の労働者全体の精神疾患患者数の伸びは1.23倍であるのに対し，教員の精神疾患による休職者数の伸びは1.96倍であることも報告されている（文部科学省（2013）「教職員のメンタルヘルス対策について（最終まとめ）」の参考資料）。

　また，2006（平成18）年から2008（平成20）年にかけて文部科学省の委託で東京都教職員互助会とウェルリンクが実施した「教員のメンタルヘルス対策および効果測定」では，厚生労働省の「労働者健康状況調査」などと同じ質問を教員に対しても行い，一般企業と比較した場合の教師のストレス状況

第3節 教師の仕事の特性

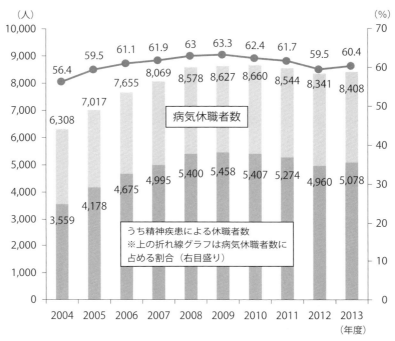

図7.5 教師の病気休職者数（うち精神疾患による休職者数と割合）

（出所）文部科学省（2013）「教職員のメンタルヘルス対策について（最終まとめ）」の参考資料，文部科学省「公立学校教職員の人事行政状況調査」（平成24・25年度）より作成。

を調査している。この調査によれば，「普段の仕事でどの程度身体が疲れますか」という質問に対し，「とても疲れる」と回答した教員は44.9％に及び，一般企業（14.1％）の3倍以上となっている。同様に，ストレスの原因として「仕事の量」と回答した教員は60.8％に達し，一般企業（32.3％）の約2倍である。さらに，「1週間の中で休める日がない」という質問に「（まあ）あてはまる」と回答した教員は半数近くの43.8％となり，一般企業（15.1％）の約3倍になる。そして，うつ傾向を示す基本的な質問項目である「気持ちがしずんで憂うつ」に「（まあ）あてはまる」と回答する教員は27.5％に及び，一般企業（9.5％）の約3倍になっている。

このように，教師の労働環境は一般企業に比べて精神的なストレスを抱え

やすい状況にあるようだ。その要因の一つに第2節で見た労働時間という「量的な」問題があることが予想される。しかし，他の職種と比べ顕著に労働時間が長いわけではないのだから，教師を精神的に追い込んでいる要因が長時間労働だけにあると考えるのはやはり無理がある。教師の仕事の「量的な」面だけではなく，「質的な」側面，つまり他の仕事とは異なる特質についても考えてみる必要があるだろう。

2. 教師の「感情労働」

　日本の教師の仕事は「無境界性」「無限定性」として特徴づけられることが多い。これらの言葉は，第2節の労働時間に関する調査結果でも見たように，中心的職務である授業だけにとどまらず，生徒指導や部活動指導，さらには学校経営のための会議や事務作業までもが教師の職域に含まれることを指す。また，教師の仕事は「ひと」相手の「答えの無い」ものばかりであるため，「ここまでやればよい」といった明確なゴールや責任の範囲が無いことを示してもいる。さらに，近年の新自由主義的な教育改革による「市場化」に伴って，学校教育も幼稚園から大学まで「サービス化」され，親や子どもが「お客様」化している状況も指摘されている（加野 2010: 14）。このような状況が教師の感情に影響を与えている可能性もある。

　イギリスの教育社会学者，ピーター・ウッズ（Peter Woods）によれば，教師は，学校組織を「生き抜くための戦略＝サバイバル・ストラテジー（survival strategies）」を利用しながら教師の仕事に適応していくという（Woods 1979: 146）。学校現場で生徒を相手にしなければならない教師にとっては，まず第一に，自らの「サバイバル」について考えなければならなくなるのであり，生徒の「教育」に関しては二の次になってしまう（Woods 1979: 169）。このように，サバイバル・ストラテジーが教師の仕事の中心になり，本来の意味での教育が背後に退いてしまうことをウッズは「疎外（alienation）」と呼び，こうした疎外は教師に対するプレッシャーの結果である（Woods 1979: 169）。

　このような教師の精神的疲労の問題に参考になる議論として，アメリカの社会学者，アーリー・ホックシールド（Arlie Russell Hochschild）が唱えた

第3節　教師の仕事の特性

「感情労働（emotional labor）」という概念がある。ホックシールドは航空会社の客室乗務員が自分の心を商品として提供しながら接客する状況を分析し，「肉体労働」と「頭脳労働」に加え「感情労働」という概念を提示した。ホックシールドは工場労働者が仕事に従事するために自分の「身体」と「肉体労働」の間に距離を置くように，客室乗務員は自身の「感情」と「感情労働」の間に精神的に距離をとらなくてはならないと述べる（Hochschild 1983＝2000: 18）。つまり，「物を生産するために肉体労働をする」19世紀の工場労働者と「サービスを提供するために感情労働をする」20世紀の客室乗務員は本質的に同じであり，ともに「大量生産の規則に従属している」というのだ（Hochschild 1983＝2000: 226）。

さらに，ホックシールドは，われわれが「表層演技（surface acting）」と「深層演技（deep acting）」の二つの方法を用いていることを指摘した。表層演技では「作り笑い」「計算されたため息」等の表情や身振りは「うわべだけのもの」であり「私の一部」ではない。しかし，深層演技は「感情の働きの自然な結果」である。行為者は「幸せそうにあるいは悲しそうに〈見えるよう〉努力する」のではなく「自己誘発した感情を自発的に表現する」のである（Hochschild 1983＝2000: 39-41）。言わば，他人だけではなく，自分自身までをも欺いてしまうのが深層演技なのである（Hochschild 1983＝2000: 36）。以上の違いはあるが，二つの方法に共通するのは，行為者は「中心的な自己」と「演じる役」とを切り離すことができる点である（Hochschild 1983＝2000: 41）。

ホックシールドは教師を直接の分析対象とはしていないが，「感情労働」は教師の仕事を質的な面から分析する際にも有効な概念である。「市場化」が浸透してきた現代の日本の教師は，「お客様」である子どもや保護者に対して「表層演技」と「深層演技」を使い分け，自分の感情との適切な距離を探りながら，教育「サービス」を提供し続けなければならない。教師が長時間にわたって，自分の「感情」と教師としての「労働」を切り離し，「本来の自己」と「教師を演じる自己」を使い分けなければならない状況にあるとすれば，先ほど確認した精神疾患による休職者数の増加も理解できるだろう。

第4節　教師の働き方を考える

1. 学校組織のなかの教師

　教師は授業や学級経営，部活動指導など単独で仕事を行う場合も多いが，学校という組織の構成員という側面ももつ。つまり，教師は個人で行う業務に加え，学校という組織を維持するために学校経営の業務も担わなければならない。また，基本的に個人で行う仕事であっても，所属する組織の影響を免れることはできない。教師を精神的に追い込んでいるのは何も子どもや親ばかりではない。学校という組織構造自体が，その構成員である教師を苦しめているとも考えられる。

　戦後の日本においても学校組織のあり方をめぐる論争が展開された。1960年代の「学校重層構造論」（伊藤和衞）と「学校単層構造論」（宗像誠也）である（細谷他編 1990: 38-39）。伊藤（重層構造論）は，学校組織は効率化のために官庁や企業組織をモデルとして，「経営層」（校長）→「管理層」（教頭・主任）→「作業層」（一般教職員）の3層から構成されるべきだとした。それに対して宗像（単層構造論）は，学校では校長を除くすべての教員が同等であり，学校組織の階層化は教育の権力化をもたらすと批判した。

　その後の実際の学校現場では，1974（昭和49）年の教頭の法律職化，1975（昭和50）年の主任の制度化などに見られるように，「学校重層構造論」に基づくトップダウン型の指揮・命令系統が学校組織内に整備されていくことになる（岩田 2012: 198）。さらに，2000（平成12）年に職員会議は「校長の円滑な執行に資するため」に「校長が主宰する」（学校教育法施行規則）ものとされ，職員会議の位置づけが低下し，逆に校長のリーダーシップが強化された。そして，2007（平成19）年には副校長・主幹教諭・指導教諭といった中間管理職的な職位が新設され，ますます「学校重層構造論」のラインが強化されていくことになる。

　こうして，かつて「なべぶた型」組織であった学校が一般企業体と同様の「ピラミッド型」組織に再編されていく。しかし，学校組織と企業組織は基

第 4 節　教師の働き方を考える

本的に異なる理念や目的をもった組織であることには注意が必要である。加野も指摘しているように、「教育は企業における「利潤」のような、一つの尺度で成功と失敗を決められるようなアウトプットの指標を持っていない」（加野 2010: 12）のである。「利潤」追求に最大の価値を置く企業組織とは異なり、学校や教師にはさまざまな価値観とそれに伴う葛藤があるのだ。

　さらに、近年の学校組織には「官僚制」化が進行しているという指摘もある（加野 2010: 15）。ドイツの社会学者、マックス・ウェーバー（Max Weber）は近代社会に典型的な組織形態としての「官僚制」に注目した。ウェーバーによれば、官僚制的支配の特色は「形式主義」と「実質的功利主義」の二つである（Weber 1921-1922＝2012: 50）。官僚制は「合理的」な性格をもつがゆえに、「規則、目的、手段、「没主観的」非人格性が、その一挙手一投足を支配」してしまう（Weber 1921-1922＝2012: 315）。こうして官僚制が発展し「非人間化」が進むと、「愛や憎しみ、および一切の純個人的な、総じて非合理的な、計算できない感情的要素を、公務の処理から排除するのに成功する」のである（Weber 1921-1922＝2012: 259）。ウェーバーは官僚制に特徴的な機能様式として「義務を履行するのに必要な命令権力」が「明確に分配され」ていることを指摘しているが（Weber 1921-1922＝2012: 221）、その意味では近年の学校組織は官僚制支配に基づいた改革が進行しているといえるだろう。

　ウェーバーの官僚制論に注目してきた教育社会学者の柳治男によれば、現代の日本の学校は、大学で「専門的訓練を受けた教師」が文部科学省や教育委員会、管理職等の「行政幹部」によって「行動を統制」されている組織である（柳 1996: 41）。学校では「法的に付与された権限の原則」と「位階序列化の原則」というウェーバーが「官僚制の理念型として強調した原理」が「厳然として貫徹」されている（同上: 41）。「非合理的」で「種々雑多な」存在であるはずの人間を、「機械」のような学校が「没人格的に」扱う状況こそが、ウェーバーの示した官僚制の姿なのである（同上: 42）。しかし、学校は機械と同じく「自然界に存在しない」（同上: 52）がゆえに、「きわめて特異な形態」（同上: 51）をもつ組織だということには注意が必要である。つまり、「学校という場が、どのように限られた機能しか果たし得ない場であるのか」（柳

2005: 216）を理解することが重要であろう。

2.「協働」する教師

　この章では教師の仕事を，主に学校組織で働く労働者の側面から検討してきた。もちろん教師という職業を理解するには，単なる組織人や労働者という側面以外からの検討も必要である。本章では教職の多面的な分析までには至らなかったが，最後にこれまでの考察を踏まえ，これからの教師の働き方について考えてみたい。

　これまで見てきた「学校組織における官僚制の進行」と組合活動の衰退などに見られる「教師の私事化（プライバタイゼーション）の進行」によって，教員世界の「同僚性」が弱体化しているという指摘がある（加野 2010: 15-17）。紅林伸幸によれば，同僚性には「教育活動の効果的な遂行を支える」「力量形成」「癒し」の三つの機能が期待されるという（紅林 2007: 177-178）。紅林は日本の教師の「同僚性」が一概に衰退したというのではなく，「必要に応じて選択的に同僚との関係を取り結ぶ力を持っている」（同上 : 180）ことを指摘している。さらに，チームとして「協働」するためには，「対等性」「専門性」「自律性」の三つの要件があり，なかでもとくに学校における「協働」にとって重要な意味をもつのが「自律性」であるという（紅林 2007: 186）。なぜなら，医師などの医療関係者がすでに一定の自律性を保証されているのに対して，これまで見てきたように学校には自律的な働き方が十分に保障されていないからである（同上 : 186）。

　それでは教師の自律性とはどのようなものか。野平慎二によれば，「教師の自由ないしは自律性」とは，国家や社会からの要求を「そのまま機械的に効率よく実現するのではなく」，そうした要求から一定の距離を取って「子ども一人ひとりに直接かかわりあう立場」から子どもの「学習権保障を実現できること」である（野平 2008: 361）。しかし，実際の学校現場は，これまで見てきたように，時間的な多忙状況や精神的疲労，さらには学校組織の官僚化などによって，教師の自由や自律性が失われていく傾向にある。

　現在の学校教育では市場化と官僚制支配の導入により，学校経営の「効率

性」が重視される。一方，実際の教師の仕事は，企業などに求められる「効率性」とは距離を置き，「子ども一人ひとり」と向き合わなければならない。個人としての教師は，学校という制度を維持する組織人としての立場と，子どもや保護者相手に「感情労働」を強いられる教育者としての立場の間で引き裂かれ，苦悩しているようにも見える。一方では内部で階層化された職場で経営・管理層からの圧力を受け，他方では児童・生徒や保護者への対応に専心しなければならない。さらに，学校では上司である管理職や子どもの視線を気にするばかりでなく，同僚との「相互監視のメカニズム」（大野 2005: 10）も働いている。つまり，学校では官僚制組織に特徴的な「垂直的管理」（＝タテの圧力）に加え，職場の同僚同士が相互に監視し管理しあう「水平的管理」（＝ヨコの圧力）の構造も見られる（大野 2005: 9-10）。このように，同僚教師との「協働」という日本の教師文化の長所までもが失われていくとすれば，今後も教師の精神的疲労はますます増すばかりであろう。

　本章では長時間労働と感情労働のなかで疲弊する教師の危機的な状況を見てきたが，これは教師個人で解決できる問題ばかりではないだろう。教師の疲弊は個人レベルの問題だけではなく，組織的・構造的な問題，つまり日本の社会や教育制度・学校組織の問題だとも考えられる。まずは，教師に「自律性」を保証し，「同僚性」に基づいた「協働」の文化を根づかせることが，疲弊する教師を救うことにつながるのではないだろうか。そのための具体的方策としては，たとえば，国家・社会と教師個人を媒介する「中間集団」としての新しい教員組合の創設などが考えられる。日本では日教組に対する評価はさまざまであり，組織率の低下に伴いその影響力は低下してきている。とはいえ，政治闘争だけではなく，「教研集会」など草の根の学習・研究活動を通じて，「同僚性」モデルに基づいた人的ネットワークを構築してきたことも事実である（加野 2010: 16）。

　イギリスの教育社会学者，ジェフ・ウィッティ（Geoff Whitty）は，英米において新しい運営形態の教員組合が提起されていることを紹介している。そのような団体では，教師は「労働者問題」と「教育的な問題」の折り合いをつけながら，「学習者の最大の利益」という目的のために「経営陣のパート

ナーになりうる」とされる（Whitty 1997＝2005: 334）。日本の学校においても，教師が個人として「原子化」（Whitty 1997＝2005: 336）される傾向を回避し，集団として「協働」する基盤をつくるには，新しい教員組合などの「中間集団」を構想する必要があるのかもしれない。その際には，教師は自分たちの利益ばかりを主張するのではなく，「生徒・親・コミュニティのメンバーといった疎外されてきた構成員」（Whitty 2002＝2004: 110）とも「協働」しなければならないことは言うまでもない。

［小西　尚之］

● **考えてみよう！**

▶ あなたが児童・生徒として出会った印象に残っている教師について，どうして印象に残っているのか理由を考えてみよう（肯定的・否定的どちらの場合も）。
▶ 日本の教師が「多忙状況」を解決し，教師の仕事（公人）と家庭生活（私人）を両立するにはどうすればよいか。具体的に，教師個人として考えられる手段，学校全体として取り組むことができる方法，国や自治体の政策等を考えてみよう。
▶ 学校における教員組織のあり方について，あなたは次のA，Bどちらの考えに賛成（近い）か。その理由も考えてみよう。
　A：校長以外はすべての教員を平等にすべきだ。
　B：中間管理職を複数置き組織的に管理すべきだ。

● **引用・参考文献**

Hochschild, A. R.（1983）*The Managed Heart: Commercialization of Human Feeling*, University of California Press.（＝2000，石川准・室伏亜希訳『管理される心──感情が商品になるとき』世界思想社）
細谷俊夫他編（1990）『新教育学大辞典』第4巻，第一法規出版
岩田康之（2012）「学び続ける教師」岩田康之・高野和子編『教職論』学文社，191-200
陣内靖彦（1988）『日本の教員社会──歴史社会学の視野』東洋館出版社
加野芳正（2010）「新自由主義＝市場化の進行と教職の変容」『教育社会学研究』86: 5-22

小西尚之（2013）「教師が学校を研究するということ―研究者と実践者の二重の役割に注目して」『北陸大学紀要』37: 207-216
紅林伸幸（2007）「協同の同僚性としての《チーム》―学校臨床社会学から」『教育学研究』74（2）: 174-188
野平慎二（2008）「学校教育の公共性と教職の専門性―対話による基礎づけの試み」『教育学研究』75（4）: 356-367
大野正和（2005）『まなざしに管理される職場』青弓社
酒井朗（1998）「多忙問題をめぐる教師文化の今日的様相」志水宏吉編『教育のエスノグラフィー―学校現場のいま』嵯峨野書院．223-250
佐藤晴雄，2010．『教職論〔第3次改訂版〕』学陽書房
Waller, W. (1932) *The Sociology of Teaching*. John Wiley and Sons.（= 1957，石山脩平・橋爪貞雄訳『学校集団―その構造と指導の生態』明治図書）
Weber, M. (1921-1922) "Die Typen der Herrschaft," in *Wirtschaft und Gesellschaft*.（= 2012，濱嶋朗訳『権力と支配』講談社）
Whitty, G. (1997) "Marketization, the State, and the Re-Formation of the Teaching Profession," in A. H. Halsey, Hugh Lauder, Philip Brown, and Amy Stuart Wells (eds.), *Education: Culture, Economy, and Society*, Oxford University Press.（= 2005，住田正樹・秋永雄一・吉本圭一編訳『教育社会学―第三のソリューション』九州大学出版会．321-343）
Whitty, G. (2002) *Making Sense of Education Policy*. Sage Publication.（= 2004，堀尾輝久・久冨善之監訳『教育改革の社会学―市場，公教育，シティズンシップ』東京大学出版会）
Woods, P. (1979) *The Divided School*. Routledge.
柳治男（1996）「学級と官僚制の呪縛」『教育社会学研究』59: 39-53
柳治男（2005）『〈学級〉の歴史学―自明視された空間を疑う』講談社
油布佐和子（1995）「教師の多忙化に関する一考察」『福岡教育大学紀要』44（第4分冊）: 197-210
油布佐和子（2010）「教職の病理現象にどう向き合うか―教育労働論の構築に向けて」『教育社会学研究』86: 23-38

［付記］本章は小西尚之（2015）「官僚制組織における教師―感情労働とサバイバル・ストラジーを参考に」『北陸大学紀要』第39号（49-58頁）を大幅に加筆修正したものである。

● COLUMN ●

▶ 逸脱行為と学校における疎外・離脱の趨勢

　法務省の『犯罪白書』によって，少年刑法犯検挙人員の人口比が1960年代末の大学紛争や高校紛争の後，どのように推移していったのかを参照してみると，18～19歳の年長少年では1973年まで減少しているものの，1980年まで増えていく。その後も，1998年に一つのピークがみられ，2004年には最大のピークが現れる。中間少年（16～17歳）や年少少年（14～15歳）の場合，1969年まで少年刑法犯の人口比が一旦落ち込んでいるが，1983年頃に最大のピークが現れており，1998年と2004年にも小さな再燃が起きている。この間，高校生はすでに非政治化されており，1980年代に学校への対抗として吹き荒れることになった校内暴力の理由は，もはや私的なルサンチマン（怨恨）でしかなかった。非政治化された校内暴力ではあったが，卒業式に際して校内や学校の周辺に警官を待機させる学校がしばしばあった（旧文部省初等中等教育局中学校課長通知「校内暴力等に関する調査について」）。

　1990年代から2000年代に入るまでの間には，とりわけ中学校において「不登校」の比率が大きくなり，学校からの児童・生徒の疎外ないし離脱が顕在化するようになった（文部科学省『学校基本調査』「全児童，生徒数に占める『不登校』の比率」）。「不登校」の比率に少しばかり遅れて，1990年代後半に校内暴力の発生率も再び大きく上昇した（文部科学省初等中等教育局児童生徒課「児童生徒の問題行動等生徒指導上の諸問題に関する調査」）。学校からの疎外には「いじめ」も該当するが，「いじめ」の概念自体が被害者の心理的・精神的な苦痛に依拠しているうえ，文部科学省による「児童生徒の問題行動等生徒指導上の諸問題に関する調査」には，調査方法を改めるごとに発生状況が大きく変化するといった難点がある（「いじめ」の認知件数は，少なくとも2000年代に入って低下する傾向にあったが，2012年に激増している）。「いじめ」の観察は容易ではないが，法務省の統計データによって，学校における「いじめ」に関する事件に注目して2006年以降の変化を追ってみると，人権侵犯事件の受理および処理件数が増加していることが明らかである。

　現在の学校が抱えることになった困難には，社会が紆余曲折する過程で解消されないまま，複雑化してしまった社会の諸課題に起因する部分が少なからずある。にもかかわらず，教育のエージェントとして果たしてきた役割を，学校と教師はますます厳しく問われるようになっている。

［村山　詩帆］

第8章

生涯学習社会のなかで学び続ける人々
―「おやじの会」の事例を通して―

● 本章のねらい ●

「生涯学習社会」とは,「人々が,生涯にわたって,あらゆる時間にあらゆる空間において,学び続ける社会」のことである。現在の日本では,「生涯学習社会」の実現が目標とされている。本章では,子育てのあり方を模索する父親たちが自発的に組織した「おやじの会」を例に,生涯学習社会で学び続ける人々について考えていこう。

第1節　生涯学習社会とは

1.「生涯学習」に関する理論

「生涯学習」という概念のはじまりは,1965(昭和40)年のユネスコ成人教育国際推進委員会において,ポール・ラングラン(Paul Lengrand)が「生涯教育(education permanente)」を提唱したことにある。ラングランは,人口の増大,科学的知識および技術体系の進歩,政治的挑戦,情報の発達,余暇活動の増大,生活モデルや諸人間関係の危機,肉体と魂との間の亀裂,イデオロギーの危機などの急激な社会状況の変化へ対応するためには,生涯にわたる教育が必要となると主張した(Lengrand 1970=1976)。

ラングランによって提唱された生涯教育論は,生涯学習論として発展していくが,その理論形成に大きな影響を与えた理論のひとつが,ロバート・M・

ハッチンス (Robert Maynard Hutchins) の「学習社会 (learning society)」論である (今西 2011: 13)。彼によると, 「学習社会」とは「すべての成人男女に, いつでも定時制の成人教育を提供するだけでなく, 学習, 達成, 人間的になることを目的とし, あらゆる制度がその目的の実現を志向するように価値の転換に成功した社会である」とされる (Hutchins 1968＝1979: 31-2)。

1960年代後半 (昭和40年代前半) には, ドラッカー (P. F. Drucker) によって, 人々による生涯学習を前提とした, 知識 (情報, データ, 技術, 知恵などすべての知的な価値を含む) を基盤とする「知識基盤社会」が提唱されている (Drucker 1968)。彼は, 「知識がいまや先進的かつ発展した経済における中心的生産要素」となっており, 「知識は一国の国際的な経済力の決定要因としての性格を強めている」として, 知識の重要性とその経済における重要性を論じた (Drucker 1968＝1992: 350-1)。

1970年代 (昭和40年代後半) には, ユネスコの生涯教育論に対して, OECD (経済協力開発機構) により, 「リカレント教育」という考え方が提起された。OECDによると, リカレント教育とは, 「義務教育もしくは基礎教育以降のあらゆる教育を対象とする包括的な教育戦略」であり, 「その本質的な特徴は, 個人の全生涯にわたって教育を回帰的に, つまり, 教育を, 仕事を主として余暇や引退などといった諸活動と交互にクロスさせながら, 分散させることである」(OECD 1973＝1979: 135)。このように, リカレント教育は, 「教育機会を個人の生涯にわたって, 仕事や余暇, 引退などとの関連で分散しようとする教育」を意味している (堀 2010: 111)。

ラングランによる生涯教育の提唱を契機に, 人々が生涯にわたって学び続けることを推進する理論が提唱されてきた。日本でも, こうした理論をもとに, 「生涯学習」のあり方が検討されていくことになる。

2. 日本の教育政策における「生涯学習」

日本では, 1971 (昭和46) 年の社会教育審議会の答申「急激な社会構造の変化に対処する社会教育のあり方について」のなかで, 「生涯教育」の用語が使用された (社会教育審議会 1971)。その後, 1981 (昭和56) 年の中央教育

第1節　生涯学習社会とは

審議会答申「生涯教育について」において，「今日，変化の激しい社会にあって，人々は，自己の充実・啓発や生活の向上のため，適切かつ豊かな学習の機会を求めている。これらの学習は，各人が自発的意思に基づいて行うことを基本とするものであり，必要に応じ自己に適した手段・方法は，これを自ら選んで，生涯を通じて行うものである。その意味では，これを生涯学習と呼ぶのがふさわしい。この生涯学習のために，自ら学習する意欲と能力を養い，社会のさまざまな教育機能を相互の関連性を考慮しつつ，総合的に整備・充実しようとするのが生涯教育の考え方である」と述べられ，学習者の生涯を通じた自発的な学習が生涯学習であり，それを総合的に支援する考え方が生涯教育であるとして，その違いが説明されている（中央教育審議会 1981）。

続いて，1987（昭和62）年の臨時教育審議会の最終答申では，教育改革の視点の一つとして「生涯学習体系への移行」が唱えられた（臨時教育審議会 1987）。これについて，関口礼子（2009: 5）は「「生涯学習」の理念が，教育界のみではなく産業界も含めて社会全体を覆う」ようになり，ハッチンスの「学習社会」論が日本でも政策として取り上げられ始めたと述べている。この後，生涯学習社会への移行が積極的に推進され，2006（平成18）年の「教育基本法」改正では，第3条に「国民一人一人が自己の人格を磨き，豊かな人生を送ることができるよう，その生涯にわたって，あらゆる機会に，あらゆる場所において学習することができ，その成果を適切に生かすことのできる社会の実現が図られなければならない」という「生涯学習の理念」が新設されるに至った。

さらに，2008（平成20）年の中央教育審議会答申「新しい時代を切り拓く生涯学習の振興方策について」では，「行政としては，国民の各々の学習ニーズ等の「個人の要望」を踏まえるとともに，「社会の要請」を重視して，国民の学習活動を支援する際に，各個人が，生涯を通じて働くことを可能とする能力やそれを支える意欲等，変化の激しい社会において自立した一人の人間として力強く生きていくための総合的な力を身に付けることを支援するという視点や，それがひいては，我が国社会の知識基盤を強固なものとする

視点を持つことが重要である」という考えが示された (中央教育審議会 2008)。

続いて，2013 (平成25) 年の中央教育審議会答申「第2期教育振興基本計画について」では，「一人一人が生涯にわたって能動的に学び続け，必要とする様々な力を養い，その成果を社会に生かしていくことが可能な生涯学習社会」を目指す必要があるとされた (中央教育審議会 2013)。また，「知識を基盤とした自立，協働，創造の三つをキーワードとする生涯学習社会を実現することで，個々人の自己実現，社会の「担い手」の増加，格差の改善，社会全体の生産性の向上，一人一人の絆の確保が図られ，少子化・高齢化やグローバル化など，我が国が直面する危機の回避につながる」と述べられている (文部科学省 2013: 104)。こうした考え方の背景には，前項の「知識基盤社会」の理論が存在する。

日本の教育政策の流れからみられるように，現在の日本では，「生涯学習社会」の実現が目標とされているのである。

第2節　学習者の特性と学習方法

1.「生涯学習」と発達課題

それでは，生涯にわたって学び続けるということはどういうことなのか。本項と次項では，「発達」と「ライフ・イベント」から考えてみよう。

「発達」とは，母親の胎内にいる時から死に至るまでの心身の変化であり，身体的な発達等の量的なものと知的能力や人格発達等の質的なものとがある (鎌原・竹綱編 2005: 174)。

アメリカの教育社会学者，ロバート・J・ハヴィガースト (Robert James Havighurst) は，こうした人間の発達を，乳幼児期，児童期，青年期，早期成人期，中年期，老年期の六つの段階に分け，その節目ごとに達成が期待されるような課題を「発達課題」と名づけた (Havighurst 1953)。彼によると，「発達課題は，個人の生涯にめぐりくるいろいろの時期に生ずるもので，その課題をりっぱに成就すれば個人は幸福になり，その後の課題も成功するが，失敗す

れば個人は不幸になり、社会で認められず、その後の課題の発達も困難になってくる」という (Havighurst 1953 = 1995: 25)。

その一方で、アメリカの心理学者であるエリク・H・エリクソン (Erik Homburger Erikson) は、社会心理学的な視点から、発達課題論を展開した。エリクソンは、発達段階を、乳児期、幼児期初期、遊戯期、学童期、青年期、前成人期、成人期、老年期の8段階にわけ、各段階において、「基本的信頼対基本的不信」「自律性対恥・疑惑」「自発性対罪悪感」「勤勉性対劣等感」「同一性対同一性混乱」「親密対孤立」「生殖性対停滞」「統合対絶望・嫌悪」という心理・社会的危機があるとした (Erikson and Erikson 1997 = 2001: 73)。

このほか、こうしたライフステージごとの発達課題を述べた人物として、成人期の発達を7段階に分けたグールド (R. Gould)、中年期を軸とした発達課題を示したレビンソン (D. J. Levinson) などがある (Gould 1975, Levinson 1978)。

2. 「生涯学習」とライフ・イベント論

1980年代後半から、長寿化やライフコースの多様化を背景に、ライフステージごとの典型的な発達パターンを見出すことが困難になってきたという認識から、「平均的、画一的なライフサイクルから導き出された「発達課題」は衰退していく」(赤尾 2012: 7)。その一方で、「人生における出来事を中心に人格の発達や人の成長を考えよう」とする、ライフ・イベントとトランジションを中心とする理論がみられるようになる (西岡 2014: 109)。これは、人生のなかで、意味のある出来事 (ライフ・イベント)、たとえば結婚・死別・入職・病気などが、個人の人格の成長に大きな影響を及ぼすという考え方であり、またそれが生じたタイミング、その時の個々人の状況 (健康状態・収入など) も、ライフ・イベントが個人に与える意味に影響を及ぼすとされる (西岡 2014; 赤尾 2012)。一方で、トランジション (移行期) は、ライフ・イベントによって生じることもあれば、ライフ・イベントのプロセスとしてあらわれることもあり、それらが「学習の「引き金」となる」(西岡 2014: 110)。たとえば、第4節で紹介する「おやじの会」は、育児と仕事の両立が困難な状況におかれた父親たちが、可能な限り子育てに参加できるように思考をめぐ

らせた結果，生み出した集団の一つとも考えられる。

　発達課題論やライフ・イベント論にみられるように，人々は生涯のなかでさまざまな課題に直面するとされる。そうした時，課題を乗り越え，自身を成長させる一つの方法として，学習という手段が意識的・偶発的に選択されるのである。

3. 成人期にある学習者の特性

　それでは，子どもと成人の学習のプロセスはどのように考えられているのだろうか。本項・次項では，成人期の学習者の特性とその学習への支援方法についてみていこう。

　アメリカの成人教育学者，マルカム・ノールズ（Malcolm S. Knowles）は，子どもを対象とする教育学をペダゴジー（pedagogy），成人を対象とする成人教育学をアンドラゴジー（andragogy）と呼ぶことを提起した（Knowles 1980）。「アンドラゴジーは，伝統的なペダゴジーがもっていたのとは異なる，学習者の特性に関する少なくとも4つの重要な考え方」（学習者の概念，学習者の経験の役割，学習へのレディネス（準備状態），学習への方向づけ）から成り立っており，これらの考え方は，人間が成熟するにつれて，「①自己概念は，依存的なパーソナリティのものから，自己決定的な人間のものになっていく。②人は経験をますます蓄積するようになるが，これが学習へのきわめて豊かな資源になっていく。③学習へのレディネス（準備状態）は，ますます社会的役割の発達課題に向けられていく。そして，④時間的見通しは，知識の後になってからの応用というものから応用の即時性へと変化していく。そしてそれゆえ，学習への方向づけは，教科中心的なものから課題達成（performance）中心的なものへと変化していく」ととらえられている（Knowles 1980＝2002: 39-40）。つまり，成人の学習者は，学習の目的・内容・評価などの学習プロセスについて自己決定的でありたいというニーズを有している。また，これまでの蓄積された経験が学習の資源となることから，学習でとられる基本的な方法は経験的手法となる。そして，生活のなかで直面する課題や問題への対処として学習を選択し，今後の生活へ生かしていこうとする，という特性

があるというのである。第4節で紹介する「おやじの会」の活動において，父親たちが活動の目的・内容・評価などのプロセスを自己決定的に行い，職業生活で得たスキルを用いながら，「子育て」という課題について父親同士で学び合い，活動のなかで家族関係を紡いでいこうとする様子がみられる。

ペダゴジーとアンドラゴジーという考え方は，「二分法的というよりはむしろひとつのスペクトルの両端として見たほうが，おそらくより現実的であろう」とノールズは述べる（Knowles 1980＝2002: 38）。つまり，場合によっては，成人に対してペダゴジー的な方法が望ましい場合もあれば，子どもに対してアンドラゴジー的な方法が望ましい場合もあるのである。

4. 成人期における生涯学習の方法

学習の形態には，大きく分けて個人学習と集合学習がある。まず，個人学習には，①施設利用学習：図書館，博物館などの施設の学習資源を利用して計画的に行う学習，②媒体利用学習：印刷媒体（書籍，雑誌，新聞など），放送（録音・録画含む），視聴覚教材，インターネット等を利用して行う学習，③相談（室）機能利用の学習：電話相談などその施設に布置している相談室の機能を利用した個人学習，④通信教育：通信という方法を用いて添削指導等を受けながら行う学習，などがある（伊藤 2010: 113-4）。次に，集合学習には，①集会学習：講演会，展示発表会など，学習の主題に応じて希望者がそのつど集まるもの，②集団学習：グループ学習，学級・講座など，参加者の集団が組織的継続的で，それ自体が教育的意義をもつ集団的性格のもの，などがある（伊藤 2010: 116）。

エデュアード・リンデマン（Eduard C. Lindeman）は，「成人教育の目的は，経験の範疇に意味を付与すること」（Lindeman 1926＝1996: 104）であって，「もし経験にその知的内容を産み出させようとするならば，状況を討議しなければならない」と述べ，小集団討議法を提起している（同上: 100）。また，ノールズも，成人の学習では「成人学習者の経験を引き出す技法がさらに強調される必要がある」とし，その技法の一つの例として集団討議法をあげている（Knowles 1980＝2002: 50）。リンデマンらのいう集団討議法は，上記の学

習形態のうち，集団学習に位置づけられる。

　小集団の討議法としては，円卓会議，バズ・セッション（6人くらいの小集団にわけてテーマについて話合いを行い，全体に報告する），フォーラム（座談会，談話会），ブレーン・ストーミング（参加者が思いつく限りアイデアを出し合う），ロール・プレイング（疑似体験を通じて対処法を考える）などがある。こうした集団学習の長所は，「①得られる情報の多面性，②学習の動機づけの強さ，③感情の浄化作用や仲間意識の形成等がある」という点である（伊藤 2010: 117）。第4節で紹介する「おやじの会」の活動では，居酒屋という場所で，お互いに顔を突き合わせて，思いのままに語りあう父親たちの姿をみることができる。これもある意味で一つの集団討議法であるといえるだろう。

第3節　生涯学習を支援する場と学習内容

　生涯学習を支援する「場」としては，地域・学校・家庭が期待されている。そこで行われる教育は，社会教育，学校教育，家庭教育と呼ばれる。

1. 社会教育と生涯学習

　社会教育とは，「学校の教育課程として行われる教育活動を除き，主として青少年及び成人に対して行われる組織的な教育活動」（社会教育法 第2条）と定義される。社会教育を行う施設は，社会教育施設と呼ばれ，主に図書館，博物館，公民館などがある。「社会教育施設においては，地域の現状・課題を適切に把握し，また，施設利用者である地域住民の意向を十分にくみ取った施設運営を行うことが重要」とされている（文部科学省 2015: 113）。

　図書館とは，「図書，記録その他の必要な資料を収集し，整理し，保有して，一般公衆の利用に供し，その教養，調査研究，レクリエーション等に資することを目的とする施設」（図書館法第2条）とされる。図書館は，「図書館奉仕のため，土地の事情及び一般公衆の希望に沿い，更に学校教育を援助し，及び家庭教育の向上に資することとなるように留意」（図書館法第3条）するこ

とと規定されており，図書館ではさまざまな取り組みを行っている。たとえば，読み聞かせボランティアの養成講座や親子で参加する絵本作り講座などの開講，地域の団体による図書館内での読み聞かせ会の実施，本の修理などを行う地域ボランティアの受け入れなどから，図書館に直接来館できない利用者への郵送・宅配・移動図書館サービス，利用者が知りたい情報を探すのを手助けするレファレンスサービスなどを実施している。

博物館とは，「歴史，芸術，民族，産業，自然科学等に関する資料を収集し，保管し，展示して教育的配慮の下に一般公衆の利用に供し，その教養，調査研究，レクリエーション等に資するために必要な事業を行い，あわせてこれらの資料に関する調査研究をすることを目的とする機関」（博物館法 第2条）とされる。博物館は，「社会教育における学習の機会を利用して行つた学習の成果を活用して行う教育活動その他の活動の機会を提供し，及びその提供を奨励すること」（博物館法 第3条 九）を一つの事業としており，人々に対して学習の機会や活動の場を提供している。たとえば，博物館の展示は，「成人が社会の変化に適応していくために必要な知識を習得する機会」となり，博物館における「見学者に対する展示物の解説を担当する展示解説ボランティアや資料の調査や整理などを行う学芸ボランティア，そして展示物や施設の管理を行う運営ボランティアなどの活動」は，「ボランティア自身の自己実現の場としても機能」し，「設置者の市町村などにかかわる産業や文化・歴史，自然などをテーマ化した展示」は，「特に長年企業等勤務のために地域を顧みなかった成人が改めて地域を見直す機会として活用されることが期待」されている（佐藤 2012: 174-5）。

公民館は，「市町村その他一定区域内の住民のために，実際生活に即する教育，学術及び文化に関する各種の事業を行い，もつて住民の教養の向上，健康の増進，情操の純化を図り，生活文化の振興，社会福祉の増進に寄与すること」（社会教育法 第20条）を目的としている。また，目的達成のために，公民館は，「定期講座を開設すること」「討論会，講習会，講演会，実習会，展示会等を開催すること」「図書，記録，模型，資料等を備え，その利用を図ること」「体育，レクリエーション等に関する集会を開催すること」「各種

の団体，機関等の連絡を図ること」「その施設を住民の集会その他の公共的利用に供すること」（社会教育法 第22条）などを事業とする。公民館で実施される講座による学習や，公民館職員（社会教育主事など）の働きかけは，人々が自身の有する課題に気づき，自主的に集まって継続的に活動を行っていく組織を形成していくための一つの契機となっている。

2. 学校教育と生涯学習

　生涯学習は，「「学校教育の基盤の上に，生涯を通じて行われるもの」であり，そのことは「生涯を通じて学校教育との関わりが継続する」ことをも含んでいる」（伊藤 2010: 20）。

　2005（平成17）年の中央教育審議会の答申では，「これからの「知識基盤社会」においては，高等教育を含めた教育は，個人の人格の形成の上でも社会・経済・文化の発展・振興や国際競争力の確保等の国家戦略の上でも，極めて重要である」と述べられた（中央教育審議会 2005）。また，「単に全体規模だけでなく分野や水準の面においても，社会人等を含めた多様な学習者個々人のさまざまな需要に対して高等教育全体で適切に学習機会を提供するとともに，学生支援の充実等により学習環境を整えていくことが不可欠」であり，社会人・高齢者など多様な学習者が「いつでも自らの選択により適切に学べる機会が整備された高等教育」の実現が重要な課題とされ，大学教育の開放が求められてきた（中央教育審議会 2005）。そうしたなか，各大学ではさまざまな取り組みがなされている。たとえば，社会人特別選抜の実施，科目等履修生・長期履修学生・聴講生・研究生としての受け入れ，昼夜開講制・夜間大学院・遠隔教育（e-ラーニング，サテライト・キャンパスなど）・通信教育など多様な教育形態の提供，専門職大学院（教職大学院など）の設置，地域住民への開放講座の提供，大学と地域が連携する文化イベントの開催，地域住民への図書館・体育施設等の施設開放などである。

　また，文部科学省は，2013（平成25）年度から，大学が「地域から信頼される地域コミュニティの中核的存在（COC: Center of Community）になるよう」，「①学生自らが地域課題を発見・解決する能力を育成するためのカリキュラ

ム改革，②地元企業等と連携した観光のまちづくりを通じた地域の活性化，③学生の地元定着を促進するため，地域と連携して就職試験の際に活用できる学修成果の認定制度の構築など」，「地域の課題解決につながる大学の特に優れた取組を支援」するという取り組みをはじめている（文部科学省 2015: 213-4）。

3. 家庭教育と生涯学習

2006（平成18）年の教育基本法の改正では，「父母その他の保護者は，子の教育について第一義的責任を有するものであって，生活のために必要な習慣を身に付けさせるとともに，自立心を育成し，心身の調和のとれた発達を図るよう努めるものとする」（第10条第1項），「国及び地方公共団体は，家庭教育の自主性を尊重しつつ，保護者に対する学習の機会及び情報の提供その他の家庭生活を支援するために必要な施策を講ずるよう努めなければならない」（第10条第2項）と，子の教育における保護者の第一義的責任および家庭教育支援に対する国および地方公共団体の責任がはじめて明文化された。

主に市町村によって実施される子育て支援として，「子育て支援拠点事業」がある。子育て支援拠点では，「①子育て親子の交流の場の提供と交流の促進，②子育て等に関する相談，援助の実施，③地域の子育て関連情報の提供，④子育て及び子育て支援に関する講習」などの実施などを事業としている（厚生労働省 2007）。子育て支援拠点は，親たちの学習の場として機能し，親たちが自主的に組織する子育てサークルやそのネットワークづくりへの支援も行っている。

4. 社会教育・学校教育・家庭教育の連携と生涯学習

2006（平成18）年の教育基本法改正により，「学校，家庭及び地域住民その他の関係者は，教育におけるそれぞれの役割と責任を自覚するとともに，相互の連携及び協力に努めるものとする」（第13条）という条文が新設された。また，2008（平成20）年度の新学習指導要領の総則では「地域や学校の実態等に応じ，家庭や地域の人々の協力を得るなど家庭や地域社会との連携を深

めること」が述べられた。さらに，2013（平成25）年の第2期「教育振興基本計画」では，「国・地方公共団体のみならず，学校，保護者，地域住民，企業など社会の構成員全てが教育の当事者であり，それぞれの立場において連携・協力し，社会全体の教育力を強化するための環境を整備することが必要である」とされた（中央教育審議会　2013）。

　文部科学省は，先述の教育基本法第13条を具体化する方策の柱として，2008（平成20）年度から「学校支援地域本部事業」を開始した。学校支援地域本部は，学校を支援するため，学校が必要とする活動について，地域住民や児童生徒の保護者，学生，社会教育団体，NPO，企業などを学校支援ボランティアとして派遣する組織で，全国に3,746本部（2014年12月時点）設置されている（文部科学省　2015）。学校支援ボランティアが行う支援としては，「学習支援」，「授業補助」，「部活動支援」（部活動の指導補助），「環境整備」（図書館や校庭などの校内環境整備），「学校行事支援」（会場設営，運営等の補助），「安全確保」（登下校時の通学路における見守りなど）などがある。こうした学校支援ボランティアは，「ボランティアにとっての自己実現に資するにとどまらず，結果として，地域コミュニティの活性化を促す契機として機能する可能性をもっている」とされている（三輪　2010: 81）。

第4節　「おやじの会」の活動からみる父親たちの学習

　本節では，家庭・学校・地域の連携が求められるなかで，弱まる三者のつながりを繋ぎ止めるインターフェースとしての役割を果たしていると考えられる，「おやじの会」について，その活動を紹介していこう。

1.「おやじの会」とは

　「おやじの会」は，1983（昭和58）年に立ち上げられた神奈川県川崎市の「おやじの会　いたか」からはじまったとされる。「おやじの会　いたか」は，「川崎市の高津公民館と菅生こども文化センターが共同で企画・実施した「父親

第4節 「おやじの会」の活動からみる父親たちの学習

学級」に参加させられた男たちが，10回のプログラム修了後，「せっかく知り合いになれたのに，このまま解散してしまうのは惜しい。これからは自主的に集まろう」と独り立ちした」もので，公民館における学習が，「おやじの会」を組織する契機となったケースである（おやじの会いたか 2015）。「おやじの会　いたか」は，自主的な勉強会を定期的に行っており，子育て支援活動は活動の一部分として位置づけている。メンバーたちは，彼らが長く活動を続けることができた理由として，「①リーダーが謙虚であること，②活動のあり方に柔軟性があること，③活動への参加が個人の自由に任されていること，④束縛されないこと」などをあげている（京須 2007: 34）。彼らは，「その時々にメンバーが必要としている活動は何かを考え，勉強会と遊びを程よく活動に取り入れている」（京須 2007: 38）。

現在，「おやじの会」の多くは，活動の中心を子育て活動としている。また，各地区にある小・中学校に在籍する児童・生徒の保護者（父親）を中心に組織されるため，学区を一つの単位とする場合が多い。「おやじの会」の名称はさまざまであり，既存の地域団体や学校と協力しつつ，活動を展開している。父親たちはなぜそのような活動を行うのだろうか。また，彼らは，活動のなかでどのような学びをしているのだろうか。そして，「おやじの会」は地域・学校・家庭にとってどのような意味をもつ集団なのだろうか。

本節では，地方政令都市 A 市で活動する B 会を紹介する。B 会の活動から上記の点について考えていこう。まず，B 会について紹介する。B 会は，A 市の中心部の転勤族の多い C 地区を活動拠点にし，地区内の D 小学校の保護者を中心に 2000（平成 12）年に立ち上げられ，2015（平成 27）年現在も定期的に活動を続けている「おやじの会」である。主な活動は，A 市主催の祭りへの参加，C 地区内町内会主催の夏祭りへの参加，D 小学校と連携した宿泊イベントなどである。次項より紹介するデータは，2005（平成 17）年 10 月から 2006（平成 18）年 9 月まで筆者らが行った，参与観察やインタビューの結果を，引用・抜粋したものである（詳しくは，京須・橋本 2006・2007 を参照のこと）。当時のコアメンバーは 26 名であった。

2. 父親の育児参加としての「おやじの会」

　父親の育児参加によって母親の育児不安が解消されるとの報告（松田 2001），育児への関心が父親たちの間で高まりつつあるとの報告（多賀 2006）がある一方で，労働時間の短縮や扶養責任の軽減がそれほど進まない現状に父親たちが葛藤を抱いているとの指摘もある（多賀 2006）。

　こうしたなか，「おやじの会」は父親と子ども・配偶者（パートナー）との関係を深める場として機能している。B 会のある父親は，「子どものためが 3 分の 1，自分のためが 3 分の 1，妻のためが 3 分の 1 ってとこかな。やっぱり奥さんにはいつも世話になっているから」と語った（京須・橋本 2006）。このように，父親たちは，「子どもと過ごす時間を作りたい」「子どもと仲良くなりたい」（京須・橋本 2007），「自分も何か子育てに貢献できないかと考え，「おやじの会」に参加している」（京須・橋本 2006）。

　こうした父親たちについて，子どもたちは，「活動している時のお父さんはかっこいいと思う」「うちのおやじは好きでやっているから。好きみたいですよ，こういうの。だから，私も何か手伝えることがないかどうかと思ってきたの」と話している（京須・橋本 2006）。

　また，B 会メンバーの配偶者（パートナー）たちは，「家庭で父親が実際に子育てに携わっているかどうかに関わらず，夫婦で過ごす時間が増えたことで夫婦仲が良くなり，父親に子どものことを気軽に相談できるようになった」と語っている（京須・橋本 2007）。

　このように，父親たちにとって「おやじの会」の活動は子どもに対しての愛情表現の手段の一つであり，家族で共有できる貴重な時間となっている。この意味で「おやじの会」は，母親たちの子育て不安を解消する一つの子育て支援となっているといえるだろう。

　また，「おやじの会」は周囲に見える形での父親たちの育児参加でもあるため，周囲の人々に肯定的にうつることになる。その意味で，「おやじの会」は父親たちの葛藤を和らげる効果があるともとらえられる（京須・橋本 2007）。つまり，「おやじの会」は育児と仕事の両立が困難な状況におかれるなかで，可能な限り子育てに参加できるよう，父親たちが生み出した一つの

集団とも考えられるのである（京須・橋本 2007）。

　その一方で，「おやじの会」は職場とは異なる仲間，家族のことを相談できる，一緒に楽しむことができる仲間を得る機会ともなっている。B会のある父親は，参観日に母親ばかりで行きづらかった経験を話し，「仲間が欲しかった」と語った（京須・橋本 2007）。また，ある父親は「メンバーを誰も知らなかった。ただ，ソフトボールの練習に加わるうちに，いつの間にか，（メンバーに）入っていた。今は，みんな友達だよ」と語った（京須・橋本 2006）。B会の父親たちは，居酒屋などで，メンバー同士で活動内容や子育てに関して思うままに語る機会を定期的に設けている。

　さらに，活動を企画し実行するという活動自体の「楽しさ」もまた父親たちの活動参加に対する大きな活力となっていた。イベントを企画することに楽しみを見出す父親もいれば，さまざまなこだわり（焼きそばの焼き方，イベントで使用する道具の種類など）を展開する父親もいる。会では，とくに父親たちの職業は関係ないものとされているが，イベントの際に，職場で身につけたスキルが使用されることがある。たとえば，デザインの編集をしている父親は，活動の様子を写真で撮り，報告書を自主的に作成していた（京須・橋本 2007）。

　このように，「おやじの会」は，父親同士の仲間づくりを支援し，彼らの学びあいを深め，父親たちへ達成感を付与する効果があると考えられる。

3.　コミュニティ再編成のインターフェースとしての「おやじの会」

　コミュニティ（地域社会）は，個人と国家の中間に位置する一定の地域的範囲に生活する人々の共通の生活基盤である（佐藤 2002）。しかし，都市化・情報化の進行などの影響により，生活（家族機能）の外部化（清水 1954）と，生活の個人化（鈴木 2002）が進行し，従来のコミュニティは変容を余儀なくされている。これは同時に，家庭・PTA・町内会など，中間団体の機能低下・衰退を意味している。中間団体とは，「国家と個人の間に生成・機能・活動・発展する多様な媒介集団・団体・組織・機関を総称する」ものである（佐々木・金 2002: 375）。こうした中間団体の機能低下・衰退を背景に，学

校・地域・家庭の教育力の向上と，三者の密な協力を求める声が高まった（岡崎 2004）。そして，「おやじの会」のような，「個人のボランタリズムにもとづく個人の選択意思によって形成されるボランティア・アソシエーション」（佐藤 2002: 103）が，新たな中間集団としての機能を果たすのではないかという可能性に注目が集まっている。

「おやじの会」は，父親たちが自発的に組織した比較的新しい集団である。そのため，町内会やPTAなどの他集団と比較すると，活動を続けるための資源（人・物・資金など）が十分に確保されていない場合がある。そうしたとき，彼らは，活動を続けるための資源を調達するために，家庭・学校・地域との協力・調整を行うことがある。

「おやじの会」のメンバーは，メンバー補充のため，参加者を集めるために，家庭へと働きかける。そうした働きかけは，主にイベントを実施しているときに行われる。たとえば，B会では，「お父さん方，荷物を運ぶので手伝ってもらえませんか」「歩道を歩いてもらって，子ども達がトイレに行きたくなったり，具合が悪くなったりしたときに連れて行ってもらえるようなお母さんいませんか」など，イベントの参加者にさまざまな協力をお願いしたり，イベントの打ち上げの飲み会へ誘ったりしていた（京須・橋本 2006）。こうした働きかけは，参加者に活動を理解してもらうための一つの方策となる。

「おやじの会」は，主に小・中学校の子どもを対象とするため，小・中学生のいる父親を随時メンバーに補充する必要が生じる。またそれは，特定のメンバーへの負担増を避けるためにも不可欠となる。B会の場合，メンバーの勧誘は，主にイベントに参加した父親を対象に行っていた（京須・橋本 2006）。

イベントの参加者を集めるために，学校でのプリント配布や掲示などでイベント情報を子どもたちへ周知するなどの方法が考えられる。そのためには「おやじの会」の活動に対する学校側の理解を得ることが必要となる。あるイベントに参加した母親は，「学校で配られたプリントの中に入っていまして，子どもがやりたいというものですから，じゃあやってみようって感じで。実際に活動に参加してみて，「おやじの会」を知りました」と語っている（京須・

第4節　「おやじの会」の活動からみる父親たちの学習

橋本 2006)。

　「おやじの会」が学校へ働きかけようとする場合，既存の保護者集団であるPTAとの関係が課題となる場合がある。B会の場合，メンバーからPTA会長・役員を輩出する，PTA役員を活動に勧誘するなどの結果，PTAから一定の理解を得ていた。B会のあるメンバーは「昔，PTAとB会の動きが別々な時期もありました。今，私がPTA会長をしていますが，校長先生や教頭先生が協力してくれています」と語っている（京須・橋本 2006）。B会の場合は，D小学校の校長や教員も活動に参加するなど，教員との関係も構築されていた。そこには「色々な先生に協力をお願いして，中身をわかってもらいましょう」というメンバーの発言にもみられるように，B会のメンバーの地道な働きかけがあった（京須・橋本 2006）。

　その一方で，「おやじの会」は，活動資金の確保，モノの貸出，情報提供を受けるためなど，さまざまな目的から，地域との調整を行う場合がある。「おやじの会」のなかには，町内会や体育振興会などの団体に自ら企画したイベントへの協力を要請して資源提供を受ける代わりに，彼らが主催するイベントの手伝いを行うなどの協力関係を結ぶ会もある。たとえば，B会では，体育振興会が主催する夏祭りに参加したり，C地区商店街の七夕飾り用の竹を取ってきたり，町内会の花見に参加したり，「おやじの会」のイベントの打ち上げに地域団体のメンバーを呼んだりしており，またメンバー自身も消防団や体育振興会に所属するなど，地域団体との協力関係が構築されていた（京須・橋本 2006）。

　多くの「おやじの会」は，B会と同様に，学校や既存の地域集団から距離をとって独自に活動を行うのではなく，既存集団（PTA，町内会など）との協力・調整を通じて活動を展開している。その活動の範囲あるいはメンバーの範囲は，コミュニティを超えるものではないことから，「おやじの会」はコミュニティに緊密な集団であるといえる。つまり，「おやじの会」は，コミュニティに既存の他中間団体と同列の立場にあって，それらを相互に結びつけ，その機能を修復させるような新しい中間団体として現出したと考えられる（京須・橋本 2007）。そこから，活動を存続するための活動は，コミュニ

ティ再編成のプロセスを示しているといえる。

　また，メンバーは「行政補完機能」を行う団体という性格（倉沢 1998）をもつ体育振興会や町内会とも親密な関係を築く場合があり，彼らとの関係の親密化は，将来的に「おやじの会」の活動のなかに「行政補完機能」が入り込んだりする可能性が示唆される反面，彼らと関わりの薄かった父親たちを彼らと関わる活動に参入させる効果をもっている。これは，仕事に忙しい父親たちに退職後の居場所を提供するという副産物を「おやじの会」が作り出していることを意味しているともいえる（京須・橋本 2007）。

　今後，彼らの活動が長期化すると，地域・学校・家庭から「おやじの会」への期待が高まることで，新たな役割が付与され（活動の定例化など），メンバーの多忙化が生じるなどの可能性があるだろう。そのことは，家族関係を構築する目的で活動に参加した父親たちにとって，葛藤を生じさせる原因となるかもしれない。そうしたとき，父親たちによる「おやじの会」再編成のための学習が，意識的・偶発的に開始することも考えられるだろう。

　「おやじの会」の父親たちは，子育てという課題について父親同士で学びあい，家族関係を紡いでいこうとしていた。その一方で，彼らの活動は，地域・家庭・学校を繋ぎあうインターフェースの役割も果たすものであった。このように，「生涯学習社会」の実現という社会的な文脈を背景に，人々は人生のなかで課題に直面したとき，それを乗り越え，自身を成長させる一つの方法として，学習という手段を意識的・偶発的に選択するのである。

〔白旗（京須）希実子〕

● COLUMN ●

▶ 生涯学習における「評価」

　生涯学習における学びを評価していこうとする政策動向がみられている。中央教育審議会答申では、「国民一人一人の学習活動を促進するためには、各個人の学習成果が社会全体で幅広く通用し、評価され、活用できることが重要であり、そのためには学習成果を適切に評価する仕組みの構築が必要である」(2008) と述べられている。これまで生涯学習分野では、「自主的・自発的な学習こそが生涯学習であるという考え方があるため、学習の成果やアウトプットを測定する『評価』についてはあまり論じられてこなかった」が、「生涯学習にふさわしい評価についての議論が次第に進むようになっている」(三輪 2010：151)。

　生涯学習における評価には、学習者による自己評価、学習者同士による相互評価、講師などが評価する教育評価などがあり、そのなかでも自己評価が重視されてきた。また、資格付与による認証、生涯学習事業者による修了証・認定証の付与などによる評価もあり、その導入が進められている。評価の対象となるのは、個人・グループの学習活動から講座・事業、政策まで、ミクロからマクロレベルのものまで含まれる。

　学習の成果の評価は、学習者の自己実現、さらなる学習へのインセンティブにつながり、人々の地域等への社会参加活動へとつながる意味を有しているとされる。その一方で、人々の学習が「『評価ありきの学び』(learning with evaluation) になってしまう」(赤尾 2012：222-3) など、評価の実施によって学びの選別が生じる危険性も示唆されている。

　山川肖美は、評価の基準や方法についての議論を進めないかぎり、「多様で個別的な背景を持つ生涯学習の成果を『正当に』評価する方法があるのであろうかという懸念は拭いきれない」(山川 2009：174) と指摘する。

　こうしたなか、三輪建二は、学習者自身が、あるいは学習者の仲間がどれだけ学習による満足を得ることができたのかを確認する評価、学習プロセスを重視する評価を、「学習評価」と名づけ、この考え方を事業評価や政策評価にも生かすことで、生涯学習による学びの選別という落とし穴（陥穽）からも抜け出すことができるのではないかという考えを提示している (三輪 2010：164-5)。

　生涯学習における「学習」とは、学習者による自主的・自発的なものであり、多様なスタイルが存在している。こうした学習活動を"正当に"評価することができるのか。人々の自己実現へとつなげていこうとするならば、どのような基準・方法で"評価"をするのか。政策レベルにおいても、教育学者間においても、その在り方が検討されている。

＊引用文献は p.167 以降に記載

［白旗 希実子］

第 8 章　生涯学習社会のなかで学び続ける人々

● **考えてみよう！**

▶ 第 2 期「教育振興基本計画」(2013 年閣議決定) では，生涯学習について，どのように述べられているだろうか，まとめてみよう。また，「生涯教育について」(1981 年)，「新しい時代を切り拓く生涯学習の振興方策について～知の循環型社会の構築を目指して～」(2008 年) などの中央教育審議会答申との共通点，相違点を整理してみよう。

▶ あなたの住む地域では，「学校・家庭・地域」の連携として，どのような人々（行政・保護者・地域住民・学生・NPO・ボランティアなど）によって，どのような取り組みが行なわれているのだろうか，調べてみよう。そのうえで，「学校・家庭・地域」の連携のあり方と課題について考えてみよう。

● **引用・参考文献**

赤尾勝己 (2004)「生涯発達―物語としての発達という視点」赤尾勝己編『生涯学習理論を学ぶ人のために』世界思想社

赤尾勝己 (2012)『新しい生涯学習概論』ミネルヴァ書房

赤尾勝己 (2015)「生涯学習社会におけるノンフォーマル・インフォーマル学習の評価をめぐる問題―ユネスコと OECD の動向を中心に」『教育科学セミナリー』46：1-13

中央教育審議会 (1981)「生涯教育について」6 月 11 日

中央教育審議会 (2005)「我が国の高等教育の将来像（答申）」1 月 28 日

中央教育審議会 (2008)「新しい時代を切り拓く生涯学習の振興方策について～知の循環型社会の構築を目指して～（答申）」2 月 19 日

中央教育審議会 (2013)「第 2 期教育振興基本計画について（答申）」4 月 25 日

Drucker, Peter F. (1968) *The Age of Discontinuity*. Harper & Row Publishers. (= 1992, 林雄二郎訳『断絶の時代―来るべき知識社会の構想』ダイヤモンド社)

Erikson, Erik H. and Joan M. Erikson (1997) *The Life Cycle Completed: A Review* (Expanded Edition), Norton, W. W. & Company. (= 2001, 村瀬孝雄・近藤邦夫訳『ライフサイクル，その完結〈増補版〉』みすず書房)

Gould, Roger (1975) "Adult Life Stage Growth Toward Self-Tolerance", *Psychology Today*, 8 (9)：74-78.

Havighurst, Robert J. (1953) *Human Development and Education: Longmans*, Green.

(＝1995，荘司雅子監訳『人間の発達課題と教育』玉川大学出版部)

堀薫夫 (2010)『生涯発達と生涯学習』ミネルヴァ書房

Hutchins, Robert M. (1968) *The Learning Society*, Encyclopaedia Britannica. (＝1979，新井郁男訳「ラーニング・ソサエティ」新井郁男編集・解説『現代のエスプリ ラーニング・ソサエティ』146，至文堂：22-33)

今西幸蔵 (2011)『生涯学習論入門』法律文化社

伊藤俊夫編 (2010)『新訂　生涯学習概論』ぎょうせい

鎌原雅彦・竹綱誠一郎編 (2005)『やさしい心理学〔改訂版〕』有斐閣

Knowles, Malcolm S. (1980) *The Modern Practice of Adult Education: From Pedagogy to Andragogy*, Pearson Education. (＝2002，堀薫夫・三輪建二監訳『成人教育の現代的実践』鳳書房)

厚生労働省 (2007)『地域子育て支援拠点事業　実施のご案内』厚生労働省雇用均等・児童家庭局総務課少子化対策企画室

倉沢進 (1998)『コミュニティ論』放送大学教育振興会

京須希実子・橋本鉱市 (2006)「『おやじの会』と父親の育児参加 (1) グラウンデッド・セオリーアプローチによる分析の試み」『東北大学大学院教育学研究科研究年報』55 (1)：155-79

京須希実子・橋本鉱市 (2007)「『おやじの会』と父親の育児参加 (2) B会を事例として」『東北大学大学院教育学研究科研究年報』55 (2)：13-25

京須希実子 (2007)「自己実現の場としての『おやじの会』の誕生—『おやじの会 いたか』での聞き取りを通して」橋本鉱市編『父親の育児参加—「おやじの会」の実践を分析対象にして—』2005 (平成17) 年度第21回マツダ研究助成—青少年健全育成関係—報告書．東北大学：29-40

Lengrand, P. (1970) *Introduction à l' éducation permanente*, Unesco. (＝1976，波多野完治訳『生涯教育入門　改訂版』全日本社会教育連合会)

Levinson, D. J. (1978) *The Seasons Of A Man's Life*, Ballantine Books. (＝1992，南博訳『ライフサイクルの心理学 (上)』講談社)

Lindeman, Eduard C. (1926) *The Meaning of Adult Education*, New Republic. (＝1996，堀薫夫訳『成人教育の意味』学文社)

松田茂樹 (2001)「育児ネットワークの構造と母親の Well-Being」『社会学評論』52 (1)：33-49

三輪建二 (2010)『生涯学習の理論と実践』放送大学教育振興会

文部科学省 (2013)『平成25年度　文部科学白書』

文部科学省（2015）『平成26年度　文部科学白書』
西岡正子（2014）『成長と変容の生涯学習』ミネルヴァ書房
OECD（1973）*Recurrent Education: A strategy for lifelong learning*, OECD Publication.（＝1979，岩木秀夫訳「リカレント教育」新井郁男編集・解説『現代のエスプリ ラーニング・ソサエティ』146，至文堂：130-40）
岡崎友典（2004）『改訂版　家庭・学校と地域社会』放送大学教育振興会
おやじの会いたか（2015）「いたかプロフィール」（http://www5e.biglobe.ne.jp/~itaka/pro/profile.html，2015年10月28日閲覧）
臨時教育審議会（1987）「教育改革に関する第4次答申」8月7日
佐々木毅・金泰昌編（2002）『中間集団が開く公共性』東京大学出版会
佐藤晴雄（2012）「成人教育の今日的意味と課題」小笠原喜康・並木美砂子・矢島國雄編『博物館教育論』ぎょうせい，172-5
佐藤慶幸（2002）『NPOと市民社会』有斐閣
関口礼子（2009）「今なぜ生涯学習がクローズアップされるのか」関口礼子・小池源吾・西岡正子・鈴木志元・堀薫夫編『新しい時代の生涯学習〔第二版〕』有斐閣，1-16
生涯学習審議会（1999）「学習の成果を幅広く生かす―生涯学習の成果を生かすための方策について」6月9日
清水幾太郎（1954）『社会的人間』角川文庫
鈴木広監修（2002）『地域社会学の現在』ミネルヴァ書房
社会教育審議会（1971）『急激な社会構造の変化に対処する社会教育のあり方について』4月30日
多賀太（2006）『男らしさの社会学』世界思想社
山川肖美（2009）「資格化社会の生涯学習」小池源吾・手打明敏編著『生涯学習社会の構図』福村出版

第9章

日本社会における子ども[1]
The Child in Japanese Society

● 本章のねらい ●

　子ども観は社会によって異なり，その社会のあり方に規定されるが，人々の生活にとって基本的で日常生活に密着した観念として，歴史的に形成される。つまり子ども観は，当該社会の潜在的文化や常識的知識から醸成されるものである。本章では日本文化の史実や先行研究の吟味から出発し，日本社会における子ども理解のために，その子ども観がどのようなものであったかを明らかにしていく。

第1節　問題提起と方法
——「子ども観」の解明から日本の子どもの特質の把握へ

　ある社会の子どもが，他の社会の子どもに比べてどのような特質をもち，現にどのような状態にあるかを一般的な形で把握しようとするとき，どのような方法が考えられるであろうか。たとえば，その社会における子どもの出生率，健康，家族関係，就学，進学状況，非行，学業成績，態度，意見などを，統計的データに基づいて提示し，検討するということなど，最も一般的な仕方であろう。しかし，そのような子どもをめぐる具体的な現象そのものではなく，それを背後から規定し，大人や社会に子どもに対して一定の態度をとらせているもの，つまり「子ども観」をとらえ，そこから子どもをめぐ

る問題を考えるということも，一つの方法である。

　どこの社会でも，大人は子どもを庇護し，子どもの行動を評価し，さまざまな働きかけを行って，その発達を望ましい方向に導こうとするのが普通である。そしてその場合，意識すると否とにかかわりなく，そこには子どもとはこれこれしかじかのものである，という暗黙の前提がひそんでいる。そういう子どもについての見方があるからこそ，たとえば，親はある年齢から子どもに排泄訓練を行い，教師は子どもの言葉づかいを注意し，社会は子どもの行動に非行というラベルをはるのである。逆にその社会の子どもの問題や特色は，そのような子ども観に基づく大人の働きかけと，それにたいする子どもの反応との結果である，ともいえるのである。

　したがって，子ども観からアプローチすることによって，絶えず変化する子どもをめぐる表面的現象にまどわされることなく，より基層的にその社会の子どもの特質をとらえることができるように思われる。そのような意味で，本章においては，日本社会における子どもを理解するために，その子ども観がどのようなものであったか，またあるのかを明らかにしてみたい。

　ここでいう意味での子ども観とは，一定の社会にゆきわたっている，子どもとはどういうものであるかについての定義である。それはその社会の文化の一部分であり，より広い概念としての人間観と深くかかわったものである。その内容は，当然社会によって異なり，時代によっても変ってくるはずのものである。しかしそれは，人間生活にとってきわめて基本的であり，日常生活に密着した観念として，歴史的に形成されたものである。そのために，その社会の人びとによって改めて意識されることもなく，したがって容易には変化しにくい観念である。それはまさに，クラックホーン（C. Kluckhohn）のいう潜在的文化（implicit culture）の一部であり，シュッツ（A. Schutz）のいう常識的知識（common sense knowledge）に属するものである。

　もちろん社会のなかには，子どもについての科学的研究や，教育についての学問や，人間についての思想によってつくられた，子どもに関する体系だった知見というものもある。それを思想ないし理念としての子ども観とよぶとすれば，文化によって定義され，常識的知識となった伝統的子ども観は，

それよりもさらに基層にあって，それをより深いところで規定しているものである。常識的知識としての子ども観が，学問（教育学）研究の基礎によって影響をうけるということがないわけではないが，それによって完全にとって代わられる，ということはないにちがいない。

　問題は，そのような伝統的子ども観はいかにして把握されるか，ということであるが，私は歴史家ではないし，日本の子ども観についてアリエス（Phillippe Ariès）によるような本格的研究[2]の蓄積があるわけでもない。そこで私にできることとして，子ども観は人間の行動や社会の構造的変数のレベルの事実ではなく文化的観念であることに注目して，まず日本文化についての一般的理解や既存の研究から出発したい。そしてそれに基づいて，子どもをめぐるあれこれの断片的事実の背後に，どのような子ども観があると解釈するのが妥当か，また，そこにいかなる子ども観を想定すれば，それらの事実がより整合的に説明できるか，といった方法をとりたい。そのような仕方で，日本社会の伝統的子ども観とその現代的形態とを，理念型的（ideal typically）に構成するよりほかないように考えられる。

　そこでまず必要なことは，子ども観といってもその内容は多岐にわたるので，子ども観のどの側面をとりあげるかを規定する必要がある。それは子ども観の構造に関わることであるが，私としては，次の四つの点に限定して，日本の子ども観の特質をとらえたい。

　つまり第一は，子ども・子ども期（ライフコースの中での）と大人をどう識別するかであり，第二は子どもはどのようにしてこの世の中に生まれてくるかであり，第三はそのような子どもを社会的にどう位置づける（帰属させる）かであり，第四は子どもの養育に当たって，その本性をどうみるかである。

第2節　子ども観の第一側面　子どもと大人をどう識別するか
── 子ども期の社会史：アリエスとの対比

　子ども観の第一の側面は，子どもから大人への発達段階で，子どもないし

子ども期（childhood）をどのように段階づけ（大人と子どもをどう区別する）か，ということである。周知のようにアリエスによれば，西洋の中世においては子どもは小型の大人（small adult）とみなされ，子ども期という観念（idea of childhood）は存在していなかった。子どもが大人とは異なる固有な性格をもった独自の存在であることがはっきりと認められるようになったのは，17世紀から18世紀にかけてである。そのような「子どもの発見」（discovery of childhood）と同時に，子どもは可愛がるべき（coddling）存在であり，また純真（innocent）で弱いがゆえに保護され訓練されるべき存在である，ということが認められるようになった，というのである。

　そのような子どもの見方は日本においても指摘することができないわけではない。とくにそのような傾向が家族的感情や学校制度の発達につれて，またより上流の階級において強くみられるようになったということは，そのまま日本にもあてはまることのように思われる。もっともそれが西洋と同じように，中世には不在で，近代になって確立された事であるかどうかについては，疑問が残る。ここでそのことをアリエスと同じ濃密さで日本について示すことはできない。しかし第一に，子どもが愛されるべき存在であり，その「感情が表現に値する」ものであるという点に関していえば，日本においては，近代をまたなくても古代から中世にかけての文学の中から，たちどころにそれに適合した事例を示すことができる。たとえば8世紀の万葉集における山上憶良や，10世紀の藤原兼輔(ふじわらのかねすけ)にみられる，自分の子どもに対する親の愛情や，子どもの愛らしさをうたった著名な和歌，12世紀の『梁塵秘抄(りょうじんひしょう)』における，子ども一般にたいする大人の感情の表現，14〜15世紀の謡曲，とくに桜川，隅田川，三井寺(みいでら)などにおける子どもを探し求める母親の物語などは，誰でも容易に思い浮かべることができるであろう。さらに近代から現代にいたると，そのような事例は枚挙にいとまがなくなることは勿論である。日本においては一貫して子どもに対する関心は強く，親は「子を思う道」に迷ったのであり，そのことを子煩悩として意識したのである。さらにそのような子どもが，やがて生産の担い手となり，「家」の継承者となることと結びついた時，いわゆる「子宝」の観念となったのである。そして今日の豊かな社会における

第2節 子ども観の第一側面 子どもと大人をどう識別するか

核家族化のなかでの甘やかしや過保護の多くの部分も，その延長線上にあるものとして理解できるものである。

そして第二には，子どもは単に親の目からそのように意識されただけでなく，社会的な制度としても子どもは子どもとして扱われるようになっていたのである。つまり，アリエスのいう西洋の子どものように，保育を必要としなくなると一挙に大人社会に投げ込まれたのではなく，年齢階梯組織という社会的制度のなかで，段階的に子どもから大人への移行を達成するように計られていたのである。アリエスは共同体における年齢集団の組織は，中世の徒弟制度によってこわされてしまった古代的現象とみなしているのであるが，日本の場合には，それこそ第二次大戦時まで，通過儀礼（rite of passage）を伴った年齢階梯組織の存在を示すことができるのである。もちろん詳細にみると，そこには地方や時代によってズレがあるのであるが，日本民俗学で明らかにしているおおよその形を記すと，それは次のようになる[3]。

子どもが誕生して7日目に名付祝い，30日頃に宮参り，100日目に喰初め，1年目に初誕生，3年目に紐落とし，5歳で袴着（主として男の子），数え年7歳で氏子入り，というように誕生初期ほど頻繁に祝いが行われたのである。しかし7歳で子どもとしての時期は大きな区切りを迎え，人間として，また村人として本格的に認められることとなるのである。「7歳までは神のうち（又は神の子）」といわれ，その生命は不安定なものとされていたのであるが，ここではじめて子どもは一個の人間として生存が確かめられる。そして多くの場合，子ども組に加入することとなり，地域社会の年中行事に参加するようになる。親が生産や家事について子どもに教え始めるのもこの頃からである。

7歳を境にして，子どもは今日的にいえば幼児期から児童期に入るのである。こうしてやがて成年式，成女式を迎えることになる。それは男子であれば元服（式），烏帽子着（の祝い），女子であれば鉄漿つけ祝いなどと呼ばれ，15歳頃行われることが多かったが，しかしそれでもまだ，それによって現実に一挙に大人として扱われたり，一人前の大人として認められたわけではない。その前段階として，13歳頃に，男の子であれば初褌の祝い，女子であれば初腰巻の祝いという性別の面で大人となったことを認める儀礼があったので，

成年式そのものが二段階になっていたともいえるわけである。成年式を境にして今度は若者組（若衆組）や娘仲間に入るのであるが，そのなかで更に結婚まで，完全な「一人前」に向っての修業を続けることが期待されたのである。

　このような民俗学における知見は，石川謙の武家を中心とした歴史的研究[4]の結果と比べても，それでも大きな食い違いはない。これはアリエスと極めて類似した問題意識に基づいて，アリエスより前になされたほとんど唯一の日本の研究といってよいのであるが，それによると，日本の中世においては，やはり7歳が一つの大きな区切りであった。7歳になってから教育や稽古事が始められ，13歳まで子どもは法的処罰の対象とされず，多くは15歳頃元服を行い，17・8歳までの間に大人への切替えがおこなわれたといわれる。

　しかし考えてみると，このような近代以前の日本における子どもから大人に至る発達段階の区分は，現代のそれとそれほどへだたったものではない。今日では成人式が20歳にひき上げられ，実際に一人前の大人として認められるのは，さらに職業についたり，結婚してからに延期されることを除けば，あとはほとんど同じである。7歳以下といっても古くはかぞえ年であるので，実際は6歳以下であり，その時期は小学校へあがる以前の幼児期である。それからあと6～12歳は小学生の時代であり，12・3歳で中学校に入学し，義務教育が終了する15歳は，かつての成年式の年頃であり，あと16歳から18歳までが高校生で，そのとき多くの子どもが社会人になる。そのように，中世までの社会において重要な節目とされていた年齢は，今日の学校体系におけるそれとまったく一致しているのである。

　要するに，子ども観の第一の側面に関していえば，日本においては近代以前から子どもを愛育の対象と考え，社会的にも，幼児期と大人期の間に子ども期というものをおいて，子どもを発達段階的に扱う傾向があったといえる。したがって今日の事態は，前代と異質的な発展をとげたというよりは，基本的に同じ傾向が明確化され強められたものとして理解できる。しかしそれでは，子どもを大人とどのように異なるものとして区別したのか，という点が残るが，それは子どもの本性との関連で後で考えることにしたい。

第3節　子ども観の第二側面　どのようにして生まれてくるか
── 生まれるものから産むものへ

　子どものこの世への生まれ方という，子ども観の第二の側面に関しては，簡単に触れるだけですますことができるように思われる。

　子どもというものが，両性の性的結合によってもたらされたものであるということが，人びとの常識になってから，すでに長い時間がたっている。しかしそれでも，子どもの誕生は神秘的な出来事であり，かつ丈夫な子どもが必ず生まれるとは限らなかったことから，さまざまな形で神仏への祈願が行われ，日本社会においても子どもは神から恵み与えられるもの，「授かりもの」という観念が強く保持されていた。そしてそこには，だからこそ生れた子どもは大事に育てなくてはいけない，という含意もこめられていた。

　しかし，妊娠についての科学的知識が発達し，避妊の技術が一般化するにつれて，この観念は変更を余儀なくされた。とくに，宗教的タブーのない日本においては産児調節が著しく普及し，出生率は急速に落ち込んだ。それによって多産と不本意な出産からくる不幸や貧困から人間が救われたことは確かである。しかしそれに対応して，子どもは自然に「生まれるもの」ではなく，親の意志によって「産むもの」となり，神からの「授かりもの」ではなく，計画的・人為的につくるものとなった。子どもを産むか否かは，住宅事情，経済的負担，性的パートナーとの関係，夫婦生活の楽しみ方，等々の事情に基づく選択の問題となり，つまりは親の都合に従属されることになった。このような子ども観の変化は，妊娠中絶を促進し，人間の生命の尊厳についての感覚を低下させずにはおかない。かつて，「間びき」や堕胎に伴う親の罪の意識によって，全国各地で行われていた「水子供養」の風習も，若い世代には関心の薄いものとなる。そして親は，計画して産んだ子どもをどのようにでも人為的に扱いうるのだという，不遜な態度を一般化させていくにちがいない。

第4節　子ども観の第三側面　子どもを社会的にどう位置づけるか
―― 子どもの社会性：共同体帰属から私的所有へ

　子ども観を構成する第三の側面は、この世に生まれてきた子どもを、社会的にいかに処遇し、どう位置づけるか、という点である。どのようにして生まれてきたとしても、子どもは生物学的事実として親のものであることは、否定しようのないことである。しかしそのような生物学的な親子関係は、実際に子どもの世話をする者とそれを受ける者、保護する者とされる者との間にみられる社会学的事実としてのオヤ・コ関係と必ずしも一致するものではない。そのいずれをより重視するかは、文化の問題である。

　そして日本の伝統的社会においては、前者よりも後者を、ないしは前者と並んで後者を重視していたことが、柳田國男や有賀喜左衛門の研究[5]からうかがえるのである。彼らによれば、日本の社会においてオヤとは、本来労働指揮権の所在を、そしてコとはその下にある労働組織の一単位をさす言葉として使われたといわれる。そして、オヤ・コは、生物学的親子関係だけでなく、それを越えた広義の社会組織における主従的身分関係を意味するようになったとされる。そこから生物学的親子関係以外の非血縁者も含む「家」(IE) という日本の家族も可能となったわけであり、同時に血縁的親以外のさまざまな「仮り親」制度、つまり擬制的親子関係 (quasi parent-child relationship) も広範に見られるようになったものと考えられる。たとえば、出産の時の「取り上げ親」、命名のときの「名づけ親」、授乳にかかわる「乳つけ親」、成年式のときの烏帽子親や鉄漿(かね)つけ親、若者宿、娘宿における「宿(やど)親」など、いずれも肉親以外の者がオヤとなって、生物学的親とならんで、その子どもの人生における庇護者、養育補助者となったのである。

　おそらくそこには、子への煩悩に迷うという日本の伝統的親子関係を、社会的、非血縁なオヤによって抑制し補うという智恵も働いていたにちがいない。しかもすでに明らかなように、「オヤコ成り」（オヤ・コ関係を結ぶこと）は多くの場合、前項で述べた通過儀礼と相即しているのである。そしてその

第4節　子ども観の第三側面　子どもを社会的にどう位置づけるか

具体的手続きをみてみると，いずれの場合もそれらは一定の村共同体のなかで，共同体成員全体の関心のもとに行われていたのである。したがって子どもは，単にある親の子またはオヤのコとしてではなく，共同体の一員として，村共同体そのものの配慮の中で育てられていたということができる。

　それでは子どもの肉親的家族との関係はどうなっていたのであろうか。もちろん生物学的親との関係は厳然とあったのであるが，しかし，「家」制度のもとにおいては，そもそも親個人というものは存在しえなかったのであり，子どもは親の子というよりは，むしろ家の子として扱われ，成員すべてが協力して存続・繁栄をはかるべき「家」そのものの継承者とみなされていたのである。そして各家は村共同体の中に埋め込まれ (embeded)，村はそのような家々が縦と横に連合したものとして構成されていたのである。したがってその点からいっても，やはり子どもはそのような村共同体に帰属されていた，といわなくてはならない。

　しかしこのような伝統的子ども観は，今日大きく変化した。常識的知識ないし潜在的文化としての子ども観は本来変化しにくいはずのものであるが，しかしそれを支え，条件づけていた基盤が崩れたときは，その限りではない。先に述べた子どもを「授かりもの」とみる子ども観（の第二の側面）は，避妊の知識と技術の普及によって変化せざるをえなかったのであるが，この子ども観の第三の側面も，それを支えていた社会そのものの構造的変化，つまり村共同体の崩壊によって大きく転換させられることになった。

　つまり，経済の発展を中心にして，個々の家族生活の村共同体からの独立が強まるにつれて，村共同体そのもののまとまりや規制力は弱まり，同時に家族における個人の自立によって，家の制度も崩れ，やがて核家族化と家族の孤立化が進んだのである。この過程のなかで，子どもにたいする共同体的配慮は機能しなくなり，家制度との関係も希薄となった子どもは，孤立した家族と血縁的親子関係のなかにとじこめられてしまった。その結果としての子どもは，個人としての親の分身ないし私有物のようにみなされるようになり，親子の一体化 (parent-child identity) が強まった。かくして今日，一方において，伝統的子ども観の第一の側面に見られた「子煩悩」を抑制する何も

のもなくなり，親による子どもの過保護と甘やかしは昂進した。そして他方では，親の個人的意志で子どもはどうにでもなるはずだという子ども観の第二の側面における変化も加わり，「育児ノイローゼ」や育児不安が助長されるようになった。

かつての共同体帰属の子ども観のもとにおける捨て子は，子どもを捨てる側のいだく，この家なら養育してくれるはずだという期待と，捨てられた家の側におけるその期待を無にできないという気持との相互性のうえに，一つの社会的制度のようにして成り立っていた。しかし社会的に孤立化した親によって，私有物を捨てるような形で行われる今日の捨て子の多くは，文字通り遺棄であり，子殺しである。近代になるにつれて増大した親子心中についても，事情はまったく同じである。もっぱら私的な形で子どもと一体化している親にとって，子どもを後に残していっても，共同体的配慮はもちろん誰かが世話をしてくれるかもしれないという期待をいだくこともできなくなった。そのとき，心中を美化する傾向はあっても，自殺を罪悪視する宗教的伝統をもたない日本の社会において，親は子どもを道連れにする方法を選ばざるをえなくなるものと考えられる。

第5節　子ども観の第四側面　子どもの本性をどうみるか
―― 性善なるものとしての子ども

ここにとりあげようとする子ども観の最後の側面は，子どもの本性 (nature) をどのようなものとみなすか，ということである。これこそその社会にみられる人間観と直接結びついた観念であるが，今問題にするのは，親や大人が子どもとかかわりをもつときに，無意識に前提とするような子どもの本性についての見方である。かつて波多野完治はアメリカの子ども観について，カルヴィニズム (calvinism) 対汎愛主義という二つの流れを区別したが[6]，それは思想としての子ども観であった。ここでの常識的知識としての子ども観にとっては，むしろ子ども性善説と，子ども性悪説という類別が有効のように

第5節　子ども観の第四側面　子どもの本性をどうみるか

思われる。

　子ども性善説が，子どもは生まれながらに性善なるものであるとみるのに対し，子ども性悪説は，子どもは生まれた時から邪悪な性格をもっているという考え方に立つ。したがって前者においては，子どもはあまり幼時から厳しくしつけなくても，時期がくれば自然に物事がわかるようになるという態度がとられるのに対して，後者においては，小さいうちから厳しくしつけないと，大きくなって手がつけられないほど悪くなる，という方針がとられることになる。もちろん論理的にはその中間に，子どもの本性は善でも悪でもなく白紙であるとする見方もないわけではないが，潜在的文化のレベルでの子ども観としては，また大人による子どもの扱い方をみるうえでは，二つにしぼって対立的にとらえた方が便利である。

　そのような分け方に従えば，人間は唯一神との関係で被造物的に堕落しており，神の力によって少しずつまともな存在になってゆくとみるキリスト教文化のもとにおける子ども観や，乳幼児に性欲や攻撃性を認めるフロイト的子ども観は，子ども性悪説ということができる。そしてそれとの対比でみると，日本の子ども観は，どちらかというと，子ども性善説として理解することができる。もちろん日本にも石川謙や波多野完治が指摘したように，貝原益軒に代表されるような性悪説的子ども観と，中江藤樹に代表されるような性善説的子ども観の流れがないわけではない。しかし益軒の思想が民衆の常識的観念にたいする批判として提出されていたことからみても，潜在的文化のレベルにおける子ども観としては，性善説的な見方が一般的であったことが推測できる[7]。

　すでに第2節で触れた「7歳までは神のうち（神の子）」という観念も，日本の子ども性善説を裏づける一つの根拠といえよう。それは7歳までは生命が不安定であることや，乳幼児の葬送を簡略化させるなどということをも意味していたが，しかし子どもが神性を認められていたことも否定できないのである。つまり，柳田國男をはじめとする民俗学者たちの認めるところによると，子どもは「依りまし」，つまり神意の代弁者とみなされ，家庭の年中行事や地域の祭礼などにおいて，神のそば近くにつかえる重要な役割を担っ

ていたのである。

　このように子どもが神聖視されたということは，日本の子ども観を理解するうえで重要な意味をもっている。欧米社会においても，映画などを通してみると，子どもを汚れのない無邪気な存在としてみることがないわけではない[8]。しかし日本の子ども性善説や神聖視は，実は大人劣等視と結びついているところに大きな特徴があるのである。佐藤忠男が指摘しているように[9]，日本の映画においては，だらしない親とけなげな子どもを対比させた名作が多く，子どもは大人の失ってしまった純真さや美徳の権化のような役割を担って登場する。そして大人は，欧米映画におけるように，子どもに人間いかに生きるべきかとか，社会とはどのようなものであるか，といったことを示す者として描かれることは少ない。むしろ子どもの純真さに大人の心が洗われ，励まされるというような主題が前面に出てくるのである。

　つまり日本の場合には，子どもの善なることが大人のみにくさや，だらしなさとのコントラストにおいて観念されているのである。大人たち自身の生活のはっきりした肯定とそれについての自信がみられず，むしろ子どもたちに大人の生活を知られることにうしろめたさを感じ，それを何かしら恥ずべきものとするような傾向がみられるのである。

　このようにみてくると，日本社会においては，単に第2節で述べたように，子煩悩とか子どもへの愛にまどうという形で子どもを対象化したり，子どもを一人前の大人への発達的移行期にあるものとして識別していただけではなかったのである。むしろ子どもを，その本性において大人よりも上位にあるものとして価値づけていたといえるのである。いいかえれば，子どもと大人とをかなり異質なもの，ないし不連続なものとして考え，性善なる子どもがやがて劣等な大人へと変化するとみられていたわけである。その転換点がどこであるかは必ずしも明確ではないが，おそらくそれは，かつては成年式を経て結婚するときであり，今日では職業社会へ出る（「社会人」になる）ときであろう。そこでは子どもは大人になるまでは「猶予された」存在とみなされていたのであるが，それにくらべれば欧米の子ども観は，たとえ近代において子ども期を発見し思春期を認めたにしても，大人と子どもを同じ神の子

181

第5節　子ども観の第四側面　子どもの本性をどうみるか

として（人間・人格として）認め，本質的には子どもを大人と同質で連続（大人の優越・大人中心）しているものとみているように思われる。

　いずれにしても，明治以降，社会の全般に及ぶ近代化の流れのなかで，欧米的子ども観が輸入され，子ども神聖視の面は稀薄になったことは否定できない。しかし子どもを性善なるものとする楽天的観念は基本的には変更されることなく，大人劣等視はむしろ強まったように思われる。そのことは，日本においては，今日でもとりわけ幼児に対するしつけが甘く，欧米社会からみると依然として「子ども天国」であることにあらわれている。自己を劣等視している大人が性善なる子どもを厳しくしつけないで過保護をもたらし，大人が子どもに明確な言葉で大人の人格への尊敬を要求せず，強く叱るとかえって子どもが悪くなるとしてそれを控える傾向のあることなど，いずれもそのような子ども観の帰結として，よりよく理解しうるであろう。

　しかしそれにしても，今日のように心理学的知識が普及し，それが子どもについてのhow to的・操作的技術として利用されているとき，子どもを性善なるものとしてみるという，性善説的子ども観の前半部分は保持されるにしても，放っておいても自然にわかるようになるという子ども性善説の後半部分を維持することは不可能になってくる。とりわけ一方で教育をめぐる競争が激化し，他方で非行の増大する高度工業化社会のなかにおいて，子どもの早期のしつけや教育が重視されざるをえないとき，性善説的子ども観はどうなるのであろうか。はたして子ども性悪説にとって代られるのであろうか。

　ここでわれわれは，日本の子ども性善説がもっているもう一つの重要な含意に気がつく。つまり子どもは誰でも生まれながらに性善なる存在であるということは，とりもなおさず，素質としては皆同じように善いものを持って生まれてきている，ということでもあるのである。そしてまた，大人になって堕落したり駄目になるということは，後天的環境的な影響のしからしめることであり，それは人間の一生のなかで避けがたいことかもしれないが，しかしやりようによってはそこに何らかの違いが出てくる可能性を残している，ということでもある。こうして誰もがもって生まれてきた善なるものは，放っておいては駄目になるかもしれないが努力によって何とかすることができ

るという形で，つまり前半は能力同一観になることによって，また，後半は努力主義という形をとることによって，子ども性善説はなお今日存続しているのではないかと思われる。

そのことは悪名高い日本の受験競争に関するわれわれの調査のなかで，親も教師も，勉強のできる生徒もできない生徒も，おどろくほど異口同音に，努力やがんばりを強調していることからも推測されたことである[10]。もし知的能力に差異があることが生まれながらに素質としてきまっていると考えるなら，あきらめムードが生まれ競争からの離脱がもっと一般化するはずである。しかしこれほどの努力の強調がなされるということは，その前提として，能力は誰でも生まれながらに同じだ，差がつくのは努力するか否かである，とする子ども観を想定せざるをえないのであるが，結局それは，子ども性善説という，日本の伝統的子ども観のなかに，いわばその系（corollary）として用意されていたといえるようである。現代日本における「家族ぐるみ＝学校ぐるみ」の受験競争すなわち「受験体制（Examination Order）」を支えているこの子ども観の要素は，「対等意識」[11] といいかえることもできるであろう。

第6節　まとめ：結語に代えて

要するに，日本の伝統的子ども観のある側面は大きく変化し（第二，第三の側面），他の側面は基本的には変らないままに現代的な適応を示している（第一，第四の側面）わけである。そのような中で，もし現代日本の子どもをめぐるさまざまな問題をよりよく理解しようとすれば，伝統的な子ども観の変化とその全体としてのバランスの崩壊，という視点から考察することが必要となるのである。

今日ではさらに，子どもを純真でかわいいものとみないような方向に，子ども観が変化していくきざしもあるが[12]，その点に関する検討は，もはや他の機会にゆずらなくてはならない。

［山村　賢明］[13]

● **考えてみよう！**

▶ 日本における子ども観と，欧米のそれとを比較し，その違いをまとめてみよう。たとえばアメリカの子ども観との対比を試み，日本の特徴について考えてみよう。

▶ 伝統的子ども観と比較すると，現代の子ども観は変わったのであろうか。変わったとすれば，どの部分がどのように変わってきているのだろうか。研究してみよう。

● **注**

1) 本稿は山村賢明（1970）「現代日本の子ども観」『現代社会と子ども』東洋館，pp.23-56）を要約しつつ再構成し，かつ新しい要素を補足したものであるため，その旧稿をも併せて参照していただければ幸いである。
2) Phippe Aries (trans. by R. Bladick) (1960) *Centuries of Childhood-A Social History of Family Life*.
3) たとえば，大間知篤三他編（1958）『日本民俗学体系4　社会と民俗Ⅱ』平凡社，竹田旦（あきら）編（1976）『日本民俗学講座2．社会伝承』朝倉書店，大藤（おおとう）ゆき（1944）『児やらい』，『定本　柳田国男集』15巻（1963）筑摩書房，20巻（1962）筑摩書房などを参照
4) 石川謙（1949）『我が国における児童観の発達』。これは先駆的で貴重な研究といわなければならない。しかし，おしむらくは欧米近代の子ども観が本来あるべき子ども観であるという価値判断を前提にして，日本の歴史的事実を解釈しようとしすぎている。
5) 柳田国男（1946）『家閑談』鎌倉書房，有賀喜左衛門（1943）『日本家族制度と小作制度』河出書房など。
6) 波多野完治（1969）「幼児とは何か―構造主義的アプローチ」『思想』542号
7) 戦国時代の武家の思想　たとえば「山本道鬼入道百目録聞書」などにも性善説的子ども観がうかがわれる。山住正己他編注（1976）『子育ての書Ⅰ』平凡社
8) M. Mead and M. Wolfenstein (eds.) (1955) *Childhood in Contemporary Cultures*.
9) 佐藤忠男（1965）『映画子ども論』東洋館出版社
10) 学校社会学研究会編（1983）『受験体制をめぐる意識と行動』伊藤忠記念財団

11) Yoshiaki Yamamura (1983) The "Examination Order" and the Role of the Family in Contemporary Japan, in Proceedings of 3rd International Symposium of Japanese Society for the Study of Educational Sociolgy.
12) 今日の子ども観の変化については，たとえば以下の文献などが参考になる。
   ＊ Postman, N. (1982) The Disappearance of Childhood, Delacorte Press.（＝2001，小柴一訳『(改訂版)子どもはもういない』新樹社）
   ＊ Winn, M. (1983) Children Without Childhood, Pantheon.（＝1984，平賀悦子訳『子ども時代を失った子どもたち―何が起っているか』サイマル出版会）
13)「あとがき」に記したように，本稿は故・山村賢明先生のご遺族から託されたご遺稿である。基本的には原文のままであるが，「本章のねらい」や「考えてみよう」の箇所のほか，節のタイトルや注12)・13)など編者（腰越）の責任で必要最小限の加筆・修正を加えた。そのことで論旨が損なわれることは無いと信ずるが，問題が生じたとすれば，それは編者の責任である。

あとがき

　全体の概要については，「まえがき」に記した通りであるが，最終章の「日本社会における子ども」は，編者（腰越）の恩師で元筑波大学教授，立教大学名誉教授の山村賢明先生のご遺族から託されたご遺稿である。本書の第4章でも，山村先生の論文が引用されているように，先生の学問は教育社会学における偉大な道標となってきた。2002年9月に山村先生がご逝去されてから10年以上が過ぎ去ったが，その筆致は色褪せるどころか，2016年現在の教育をめぐる諸相をあたかも予見されているかのようである。先生のご遺稿を世に知らしめることができることは，編者として喜びに絶えない。

　本書の作成に際しては，まず小西尚之氏に草稿の推敲にご協力頂いた。その後，高見京子氏（東京学芸大学非常勤講師）に，各章の草稿を読んでいただき，貴重なアドバイスを頂戴した。また村山詩帆氏には，執筆もさることながら編者の私の至らぬ部分をすべて補完して頂き，出版への推進力になって頂いた。記して感謝したい。

　最後に，本書の企画と編集に終始尽力して下さった学文社の落合絵理氏に，この場を借りて篤く御礼申し上げたい。

2016年3月吉日

編者　腰越　滋

索　引

〈事項索引〉

あ行

アノミー　31
アンドラゴジー　153, 154
イクメン　16
AGIL 図式　22
笑顔　4
エスカレーター校　58, 60, 62
烏帽子着　174
エリート段階　100, 102
LGBT　47, 48
エンジェル係数　30
OECD（経済協力開発機構）　92, 149
お受験　57
オタク　113
オヤコ成り　177
親子の一体化　178
おやじの会　148, 152, 154, 155, 159-165

か行

解釈的レリヴァンス　84, 85, 87, 88
核家族化　12
学習社会　149, 150
学習レリヴァンス　81, 85, 87, 94, 96
学生参加　117, 118
学生消費者主義　113
学歴社会　54
学歴主義　120
隠れたカリキュラム　45, 51
家族形態の多様化　12
カタストロフィー　23
学級崩壊　31
学校化　55, 74
学校教育　155, 157, 158
学校支援ボランティア　159
学校重層構造論　141
学校単層構造論　141

家庭教育　155, 158
鉄漿つけ　174
カルヴィニズム　179
感情労働　131, 140, 144
官僚制支配　142, 143
疑似アイデンティティ　120
擬制的親子関係　177
QOL（生活の質）　20
教育基本法　150, 158, 159
教育する家族　54, 57
教員組合　144, 145
教師＝聖職論　130
教師＝専門職論　130
教師＝労働者論　130
教師の精神的疲労　131, 137, 139, 144
教師の多忙状況　127, 129, 131
業績主義の属性化　66
競争移動　58
協働　143-145
教養主義　101, 110, 111
系（corollary）　183
顕在的価値　27
合計特殊出生率　30
後発効果　55
国際教員指導環境調査（TALIS）　134, 136
孤育て　15
子育て　2
子育て支援拠点事業　158
子育て世代の貧困化　15
子ども観　170, 172, 175, 176, 178-183
子ども・子育て新制度　13
子どもの発見　173
コミュニティ（地域社会）　162, 164

さ行

サイコセラピーの4ステップ　24

索　引

サバイバル・ストラテジー　139
シグナリング仮説　65
児童虐待　15
児童虐待防止法　34
市民的意義　90, 91
社会化　19
社会教育　155, 156, 158
社会教育審議会　149
社会的意義　91
社会的行為　86, 95
社会的セーフティーネット　34
若年無業者　32
受験体制　53-57, 59, 60, 67, 68, 70-73, 112, 120, 183
主題的レリヴァンス　84, 85
生涯学習　148, 150, 158
生涯学習社会　148, 150, 151, 165
生涯教育　148-150, 157
少子化　12
常識的知識　171
職業的意義　90, 92
深層演技　140
新中間層　54, 57-59
スポック博士の育児書　9
性悪説　180
性善説　180
性同一性障害　48, 49
青年　111
全国学力・学習状況調査　69
潜在的価値　27
潜在的文化　171, 178, 180
専心（コミットメント）　35
壮士　111
即自的意義　90, 92

た行

大学紛争　100, 102, 111, 112, 114, 116, 119
待機児童問題　13
大衆教育社会　54, 60, 62, 65, 67
対等意識　183
男女共同参画　31
地域コミュニティ　157, 159

小さな大人　3
知識外的レリヴァンス　88, 89, 94
知識基盤社会　151, 157
知識内的レリヴァンス　88, 94, 95
乳つけ親　177
中央教育審議会　54, 60, 149-151, 157
中間団体　162, 164
超自我　28
通過儀礼　174
テスト体制　71, 73
動機的レリヴァンス　84, 85
東京大学教育学部カリキュラム・イノベーション研究会　91
童心主義　57, 59, 73
同性愛カップルの養子　7
毒親　15
取り上げ親　177
努力主義　62, 183

な行

内容の地平　88, 89
仲間集団　29
名づけ親　177
「なべぶた型」組織　141
二重の偶発性　65-68, 73
人間開発指数（HDI）　13
認知ルール　73
年齢階梯組織　174
能力主義　53, 54, 56, 60, 65, 72
能力同一観　183

は行

ハイパー・メリトクラシー　68, 71
初腰巻　174
発達課題　151, 153
初褌　174
母親指標　1
ハビトゥス　95
汎愛主義　179
晩婚化や高齢出産　11
反知性主義　113, 121
庇護移動　58, 59
PISA 調査　92

189

表層演技　140
「ピラミッド型」組織　141
ファカルティ・ディベロプメント　113
夫婦連合　31
フリーター　33
文化的再生産　68
文化的再生産論　95
ペダゴジー　153, 154
ボローニャ宣言　116

ま行

マス段階　100, 102, 116
間引き　176
水子供養　176
未履修問題　81, 94, 95
モラトリアム　101
文部科学省　157, 159

や行

宿親　177

ヤンキー　113
ゆとり教育　70
ユニバーサル段階　102, 103
ユネスコ　148, 149
幼保一元化　7

ら行

ライフ・イベント　151
リカレント教育　149
立身出世　56, 57
理念型　172
梁塵秘抄　173
臨時教育審議会　150
レディネス（準備状態）　153
レリヴァンス形成　83, 87, 95, 97

わ行

若者文化　111

〈人名索引〉

あ行

阿部真大　107
アリエス, P.　3, 54, 172, 173
有賀喜左衛門　177
有本章　114
アンダーソン, T. H.　61
石戸教嗣　120
伊藤和衛　141
井上義和　116
ウィッティ, G.　144
ウェーバー, M.　142
ウォーラー, W.　130
潮木守一　116
ウッズ, P.　139
江原由美子　83, 86
エリクソン, E. H.　152
小方直幸　120
岡部善平　82

小熊英二　69, 102
オルテガ, Y. G.　120

か行

梶田孝道　66
加野芳正　137
カミングス, W. K.　72
キンモンス, E. H.　57
クラックホーン, C.　27, 171
グルード, R.　152
紅林伸幸　143
小玉重夫　91
小針誠　57
コーン, M. L.　72

さ行

斎藤環　34
佐藤俊樹　82
シュッツ, A.　83, 85, 86, 91, 171

白倉幸男　71
数土直紀　62
スペンス, M.　65
関口礼子　150

た行

ターナー, R. H.　58
竹内洋　63, 101
塚田守　70
デュルケム, É.　31
ドーア, R. P.　55
ドラッカー, P. F.　149
トロウ, M.　101

な行

中澤渉　63
中村高康　60
野平慎二　143
ノールズ, M. S.　153, 154

は行

パーソンズ, T.　22
ハヴィガースト, R. J.　58, 151
ハッチンス, R. M.　149, 150
パレート, V.　71
広田照幸　91
黄順姫　72
フェスティンガー, L.　107
福島真人　72
藤田武志　69
藤原兼輔　173
ブルーム, A.　114
ブルデュー, P.　67, 95
フロイト, S.　28

ベールズ, R. F.　22
ベンヤミン, W. B. S.　73
ホックシールド, A. R.　139
ホッパー, E. I.　55
ホーフスタッター, R.　113
本田由紀　90, 92

ま行

マートン, R. K.　72
マーフィー, R.　59
宮島喬　95
宮台真司　86
宗像誠也　141
村上龍　101, 112

や行

柳田國男　177
山上憶良　173
山村賢明　54
油布佐和子　137
吉川徹　68

ら行

ラングラン, P.　148, 149
リースマン, D.　113
リンデマン, E. C.　154
ルーマン, N.　61, 121
レビンソン, D. J.　152
ローゼンバウム, J. E.　66
ローマー, J. E.　67

わ行

ワグナー, H. R.　83

教師のための教育学シリーズ
刊行にあたって

　学校教育の第一線を担っている教師たちは，現在，数々の大きな課題に直面しています。いじめ，不登校などの解決困難な教育課題への対応，主体的・協働的な学びへの期待，特別支援教育の充実，小学校外国語活動・英語の導入，道徳の教科化，ICTの活用などの新たな教育課題への対応，「チーム学校」への組織改革，保護者や地域住民との新しい協働関係の構築など課題が山積しています。

　本シリーズは，このような現代的な教育課題に対応できる専門性と指導力を備えた教師を育成するため，教職に関する理解を深めるとともに，その基盤となる教育学等の理論的知見を提供することを狙いとして企画されたものです。教師を目指す教職課程の学部生，大学院生，社会人などを主な対象としておりますが，単なる概説や基礎理論だけでなく，現代的な課題，発展的・専門的内容，最新の理論も取り込み，理論と実践の往還を図り，基礎から発展，応用への橋渡しを図ることを意図しています。

　本シリーズは，幼稚園，小学校，中学校，高等学校，特別支援学校など幅広く教員養成を行い，修士課程，教職大学院，博士課程を擁するわが国最大規模の教育研究機関であり，教育学研究の中核を担っている東京学芸大学の研究者教員により編まれました。教員有志により編集委員会をたちあげ，メンバーがそれぞれ各巻の編者となり，長期にわたり企画・編纂してまいりました。そして，本シリーズの趣旨に賛同いただいた学内外の気鋭の研究者の参画をえて，編者と執筆者が何度も議論を重ねながら一丸となってつくりあげたものです。

　優れた実践的指導力を備えた教師を目指す方々，教育学を深く学びたいと願う方々の期待に応え，わが国の教師教育の在り方において重要な道筋を示すものとなることを心から願っております。

　　　　　「教師のための教育学シリーズ編集委員会」を代表して　　佐々木　幸寿

【監修】教師のための教育学シリーズ編集委員会

【編著者】

腰越　滋（こしごえ　しげる）
東京学芸大学教育学部准教授
1965年新潟県生まれ。1994年，立教大学大学院・文学研究科・教育学専攻（博士後期課程）単位取得退学。武蔵野短期大学幼児教育学科助手，講師，東京学芸大学講師，助教授を経て現職。
（専攻）教育社会学
（主要著作）「子どもの『不読』現象の背景要因は何か？―『第57回学校読書調査』の分析結果に基づく再考察」『東京学芸大学紀要・総合教育科学系Ⅰ』第67集（2016），「読書を支える活動や行動とは何か？：『第58回学校読書調査』分析dataの構造方程式モデリング」『東京学芸大学紀要・総合教育科学系Ⅰ』第65集（2014），「校内暴力，学級崩壊」『子ども社会シリーズ5　子どもの「問題」行動』（分担執筆，学文社，2010）など。

教師のための教育学シリーズ11
子どもと教育と社会

2016年4月20日　第一版第一刷発行
2021年8月10日　第一版第三刷発行

編著者　腰越　滋

発行者　田中　千津子
発行所　株式会社　学文社

〒153-0064　東京都目黒区下目黒3-6-1
電話　03（3715）1501（代）
FAX　03（3715）2012
https://www.gakubunsha.com

©Shigeru KOSHIGOE 2016
乱丁・落丁の場合は本社でお取替えします。
定価はカバーに表示。

印刷　新灯印刷

ISBN 978-4-7620-2621-8

EDUCATIONAL STUDIES FOR TEACHERS SERIES

教師のための教育学シリーズ
＜全１２巻＞

教師のための教育学シリーズ編集委員会　監修

優れた専門性と実践的指導力を備えた教師を育成するため，教育課程の概説のみならず，教育学の理論や知見を提供するテキストシリーズ。

〈本シリーズの特徴〉

・優れた専門性と指導力を備えた教師として必要とされる学校教育に関する知識を教育学の理論や知見に基づいてわかりやすく解説。
・単なる概説ではなく，現代的な課題，発展的・専門的内容など先導的内容も扱う。
・教育学の基礎理論に加え，最新の理論も取り込み，理論と実践の往還を図る。

① 教職総論　教師のための教育理論　　平野 朝久 編
② 教育の哲学・歴史　　古屋 恵太 編著
③ 学校法　　佐々木 幸寿 編著
④ 教育経営論　　末松 裕基 編著
⑤ 教育心理学　　糸井 尚子・上淵 寿 編著
⑥ 教育課程論　　山田 雅彦 編著
⑦ 教育方法技術論　　高橋 純 編著
⑧ 道徳教育論　　北詰 裕子 編著
⑨ 特別活動　理論と方法　　林 尚示 編著
⑩ 生徒指導・進路指導　理論と方法　　林 尚示・伊藤 秀樹 編著
⑪ 子どもと教育と社会　　腰越 滋 編著
⑫ 教育実習論　　櫻井 眞治・矢嶋 昭雄・宮内 卓也 編著